寻找身边的感动

浙江工商大学党委宣传部 编

图书在版编目(CIP)数据

寻找身边的感动 / 浙江工商大学党委宣传部编. —杭州：浙江工商大学出版社，2012.6

ISBN 978-7-81140-543-9

Ⅰ. ①寻… Ⅱ. ①浙… Ⅲ. ①浙江工商大学—教师—生平事迹②浙江工商大学—大学生—生平事迹 Ⅳ. ①K825.46②K828.4

中国版本图书馆 CIP 数据核字(2012)第 135874 号

寻找身边的感动

浙江工商大学党委宣传部 编

责任编辑 孙一凡 任晓燕
封面设计 姜东涓
责任印制 汪 俊
出版发行 浙江工商大学出版社
(杭州市教工路 198 号 邮政编码 310012)
(E-mail:zjgsupress@163.com)
(网址:http://www.zjgsupress.com)
电话:0571-88904980,88831806(传真)
排 版 杭州朝曦图文设计有限公司
印 刷 杭州杭新印务有限公司
开 本 787mm×1092mm 1/16
印 张 10.5
字 数 178 千
版 印 次 2012 年 6 月第 1 版 2012 年 6 月第 1 次印刷
书 号 ISBN 978-7-81140-543-9
定 价 20.00 元

浙江工商大学出版社营销部邮购电话 0571-88804227

编委会名单

序

罗丹说:“生活中并不缺少美,缺少的只是发现美的眼睛。”同样,当有人因为缺乏感动而抱怨生活无趣、现实冷漠时,其实,感动就在我们每个人的身边。

在我们这个倡导以人为本的和谐社会中,令人感动的人和事在不断涌现并被人们广泛传播和颂扬:“最美妈妈”吴菊萍,当巨大的危险裹胁幼小的生命骤然从天而降时,她不假思索地伸出双手;“最美司机”吴斌强忍被飞袭的铁块击中的剧痛,用生命履行了职责,以惊人的毅力完成生命中最后一次安全操作,确保了 24 名旅客安然无恙;“孝女”曹秋芳,从 4 岁开始照顾身患重病的妈妈,以行动谱写大爱大孝的传统美德……

平凡而感人的故事也发生在我们浙江工商大学的校园里。自 2005 年起开展的以“寻找身边的感动”为主题的系列活动,通过征集、推荐、评比、拍摄、宣传等途径,吸引全校师生广泛参与,关注来自身边的平凡人物,分享日常生活中的真实故事,体会近在咫尺的温暖和美好。七年来,不仅涌现出“中国大学生自强之星”曹秋芳、浙江省“2011 年度青春领袖”陈宇峰、浙江省首届“十佳大学生”鲍福光,还有很多默默无闻而甘于奉献的普通师生,有为汶川地震捐出万元奖学金的匿名学子,有在第八届残运会上备受赞誉的青年志愿者等。这些可圈可点、感人至深的情景和事迹,足以让我们感受到来自身边的真情,让我们感受到真善美的内涵和真谛。

感动,是一种人文精神,是人与人之间心灵上的共鸣。“寻找身边的感动”活动引导师生以积极的态度去发现感动、参与感动。这一个个自己发现的关于青春、关于成长的故事,更有亲和力,也更易被认同、被仿效。点点滴滴的积累,潜移默化的渗透,用身边的典型事例和鲜活榜样激励师生,见贤思齐,从而营造出良好的育人氛围,形成强大的精神力量,推动校园文化建设不断绽放出炫目的光彩。

2011 年 9 月以来,《浙江工商大学报》专门开辟了《寻找身边的感动》栏目,用文字记录了那些令人动容、振奋、欢笑、感怀的人和事，细数敬业的无私，亲情的温暖，生命的坚守，展示平凡中蕴含的崇高，奉献中收获的快乐，用真实的事例展现浙商大教职工的人格魅力和莘莘学子的青春风采。现将发表在《寻找身边的感动》栏目的文章结集成书，汇集校园中的点滴感动，聚成一股暖流，以求触动我们的心灵，引发我们的共鸣，提升我们的精神境界，完善我们的人格品质，进而使我们的校园更加和谐，使我们的生活更加美好。

"寻找身边的感动"活动开展以来，受到社会各界和媒体的广泛关注。2012年6月23日，《光明日报》报道了我校"寻找身边的感动"活动，浙江省委书记赵洪祝对"寻找身边的感动"活动作出重要批示。赵洪祝书记在批示中指出："浙江工商大学开展'寻找身边的感动'的做法有特色、有成效，这是构建和谐文明校园的具体抓手，也是大学思想政治工作的创新之举，对于培养大学生学会感恩、担当责任，形成正确的人生观、价值观很有意义。"我们要以此为激励，继续深化这一活动，为建设"物质富裕精神富有"的现代化浙江作出应有贡献。

生命因感动而美丽，生活因感动而精彩。让我们共同礼赞真善美，传递感动的力量，构筑我们美好的精神家园。

浙江工商大学党委书记
浙江省社会科学界联合会主席

目　录

春播桃李三千圃——教书育人篇

长风破浪会有时——自强奋进篇

高山仰止堪模楷——楷模榜样篇

新竹高于旧竹枝——素质培养篇

满怀深情做绿叶——管理服务篇

春播桃李三千圃
——教书育人篇

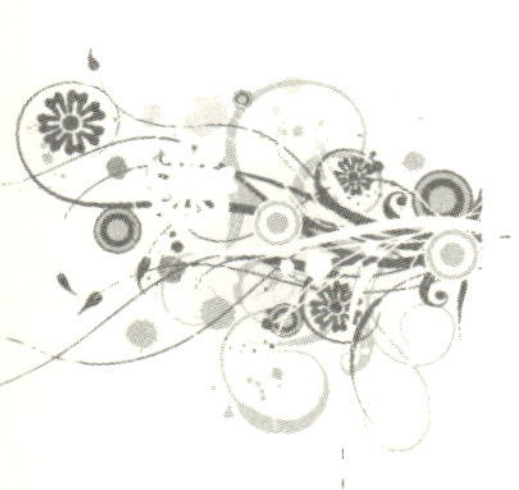

教书育人，无私奉献，鞠躬尽瘁，无怨无悔，这便是可亲可爱的人民教师。

他们默默耕耘，只为播种希望。

他们『传道授业解惑』，只为学生们更健康地成长。

看到学生成长为栋梁之才，就是老师们最大的欣慰。

『春播桃李三千圃，秋来硕果满神州』，他们的努力没有白费，学生们的每一点进步，都浸润着他们辛勤的汗水。

导读：

以爱心和热情诠释师德，在教育与希望的田野上默默耕耘。患重病期间，他仍一如既往地与学生讨论问题，学生们都亲切地叫他“光哥”。爱，也是一道光，照亮人生，指引前程。

心中有爱　不懈耕耘

——记信息与电子工程学院王光庆老师

文/刘玉婷

九月的杭城，酷热依旧。临近中午，信息与电子工程学院（以下简称“信电学院”）楼出奇的安静，推开239室的后门，王老师坐在角落里的一台电脑前，细心地搜索着全文数据库，前方零星坐着几个学生，各自忙着手头的事情。这里像是另外一个世界，没有嘈杂，没有浮躁，只有各种仪器、电脑，以及热爱它们的安静的人。

师德：学高为师　身正为范

刚刚荣获浙江省第二届“师德先进个人”和“师德标兵”的王光庆老师，并没有因为这些荣誉而有任何改变，他依旧过着普通得不能再普通的生活，学术、学生，依旧是他生活的全部，以至于校报记者的慕名造访显得有些唐突。王老师

让人很容易亲近，那是种沉淀了生活中所有的艰辛和甜蜜后的淡然。他一直说自己很平常，做的都是老师该做的，没有什么独特的。然而，也许感动我们的正是这份“平常”吧。

爱教师这个职业才会有教师特有的奉献精神和人格魅力，爱学生则是教师的天性，学生感受到教师的爱，自然就会“亲其师”，从而“信其道”。刚担任信电学院测控技术与仪器专业老师的时候，学院该专业的教学和实验设施并不完善，有的几乎是空白，很多实验课程无法正常开设。为此，王光庆老师主动承担相关的教学任务，克服多重困难，积极做好“架桥铺路”的工作，多次和中国计量学院相关分院主管领导沟通，协商解决学生上实验课的难题，并和学生一同骑车去上课。

王老师说：“从我个人的角度看，为人师表，首先学术水平要高，术业要专攻。但是光有学术是远远不够的，老师还要从精神上、行为上去引导学生。‘身正’不可或缺，它从根本上决定着学识发挥功能的价值取向。同样的学识，可以造福人民，也可能危害社会，而‘身正’就是其方向的引领。”王老师就是这样要求着自己并且将之付诸实践，引导着一批批学生成人成才。

“90后”的大学

“90后”，一度成为所有人关注的焦点。对于王老师来说，“90后”是一群比较有个性的孩子。“他们有个性是很好的事情，也是现代社会所需要的。但是，他们不能盲目地追求个性。我们学校应该特别加强对学生人文精神方面的教育，这是学生即将走入社会的基础。”王老师对学生人文精神的引导，是通过“零距离”来实现的。王老师的学生都称呼他为“光哥”，在学生的心目中，“光哥”是他们的哥们，是伙伴，更是精神世界的指明灯。

王浩金与他的“光哥”就是铁哥们。一直跟着“光哥”做项目的王浩金对王老师有着一份独特的敬重。“光哥是我做项目期间最有力的支持。有一次，手头的课题项目遇到了难题，我给光哥发了条短信，当时被诊断出患淋巴癌正在住院化疗的光哥，第二天便出现在办公室跟我讨论问题。”学生们心目中的光哥，就像那么一位平常的邻家大哥哥，他有着对工作对学生极其负责的精神。

就这样，在治疗休养期间，王老师经常拖着虚弱的身体到学院与师生交流沟通，关心学院和系里的工作，经常邀请学生到他家一起讨论和修改参赛作品，

甚至还亲自和学生一起制作作品，2010 年他生病期间指导的学生作品获浙江省第七届“挑战杯”大学生创业大赛一等奖。

由于其踏实的工作，高尚的师德，近年来，王光庆老师除了在教学上多次获优外，还先后获校“优秀共产党员”、校“教坛新秀”、校“优秀科技指导老师”（2008 年度、2010 年度）、“浙江省大学生创业大赛优秀指导老师”（2008 年度、2010 年度）等多项荣誉称号。

信仰："信""望""爱"

一个有信仰的人，是一个从来不会被打倒的人。“‘信’‘望’‘爱’，这就是我的信仰”，说出这三个字时，王老师的眼神突然坚毅起来。

“‘信’，是指信心和信念。我们要对自己有信心，要靠自己的信念去面对生活给予我们的一切。‘望’是指盼望，我们活着就要有所盼望，要乐观。一切苦难都会过去的。‘爱’是支撑我们走下去的力量，只要心中有爱，就没有什么好怕的。”王老师笑着说道。

“平平淡淡做人，踏踏实实做事，这就足够了。其实无论遇到什么事，都有心的方向会指引我们。一切事情都是由心发出，有一颗无愧的心，我们在现实面前就会作出正确的选择，就会做正确的应该做的事情。”王光庆老师就是这样用自己的爱和情，诠释着师德的最高境界，并默默地在教育路上跋涉、耕耘、探索、追求着……

（原载于《浙江工商大学报》632 期）

人生，有的是楷书（规范堂正），有的是行书（行云流水），有的是草书（洋洋洒洒）。人生可工笔可信笔，但不可停笔；可楷书可草书，但不可无书。只要尽心、尽力、尽性、尽意地书写好每一天，尽心尽力做事，尽性尽意做人，便不再会去感慨那么多的不如意。常常喜乐、凡事感恩，以一颗无愧的心来感悟人生的真谛。

——王光庆

导读：

和蔼亲切，朴实无华。

挥洒一片爱，胸怀三颗心。

绝不是什么三心二意，而是“真心爱学生，精心教学生，全心为学生”。

这是他的心，也是学生的福。

我对教育有着三颗“心”

——统计与数学学院郭宝才老师访谈

文/徐　巧

郭宝才老师，现任教于浙江工商大学统计与数学学院，作为商大首届“十佳教师”之一，对于学生的培养可以用三颗心去阐述——真心、精心、全心。“真心爱学生，精心教学生，全心为学生”，这既是郭老师的座右铭，也是郭老师真实的写照。

三尺讲台　一腔心血

对于讲台，郭老师认为那是一名教师实现自我价值的地方。因此，每一次上台授课，他都不曾有过一丝马虎。在他的回忆里，无论是在以前的杭商院还是在今天的浙商大，每一次的授课他都经过精心的准备。如果说听课是学生每天的功课，那么备课就是他每天的功课。而在备课的过程中，他会具体而细微到每一个知识点，甚至采用哪个例子更为妥当都会思索再三。郭老师认为：与时俱进是适用于任何领域的一个原则，教学活动也不例外，所以他每学期都会

对上一学期的教案及课件进行必要的修正。用他的话说:“课堂教学要精益求精,凡事都没有完美,但是要力求完美。所以每次回头审查自己的教案和课件时,总会发现一些不足,修正课件实在是非常的必要。”或许也正是因为郭老师如此严谨的治学态度,造就了郭老师如今张弛有度的教学风格,并广受学生好评。

在谈及对数学教学的理解时,郭老师不止一次地提及数学概念的重要性。他指出在数学的学习中,许多难题其实都只是建立在对教学概念的考察上,它最为基础,但同时也最易为同学们所忽略。因此,作为数学教师一定要帮助学生吃透每一个数学概念。在教学的方式上,郭老师笑称自己的方式是“口语化教学”,他反对“用数学说数学”,因为这会使本来已显枯燥的数学走向死胡同。在教学过程中,他往往通过各种形象生动的例子、深入浅出的讲解,来帮助学生们消化每个定义背后的含义。许多他教授的学生,都有这样一个共识:枯燥乏味的数学,到了郭老师的手上便换了样。特殊的山东口音,活泼的说话语调,精心的课堂设计,让他的每一节课都充满了趣味,所谓“寓教于乐”,郭老师以自己的智慧践行了这一教学理念。

对于大学里的学生社团,郭老师也有自己的看法。“在大学里,参与社团活动是学生提升自身能力的途径之一。”但是,他同时也指出,如果不能正确处理专业学习与课外活动的关系,则可能给学业带来很多负面的影响。比如有些学生过度地热衷于社团活动而随意请假,造成功课的荒废、成绩大幅下滑等情况。因此,郭老师提倡学有余力的同学多参加社团活动以提高自己的综合素质,而学习较为吃力的同学则应将更多的心思放在自己的学业上,做好作为学生最基本的分内事。

孜孜不倦　不断进取

学海无涯,求学是一条无止境的路,对这一点,郭老师深有体会。在繁重的教学压力与科研压力下,他依然挤出自己的剩余时间,考取了博士学位。目前作为一名数学老师的他,也是一名在读博士,用他的话说,现在的自己“既是老师也是学生”。

读博,对郭老师而言,意味着知识积淀、自身素养和教学育人质量的进一步提升。他坦言,随着学校的快速发展,对教师自身的素质要求亦随之提高,攻读

博士在如今已是一种大趋势。在决定读博之初，郭老师便设定了以 3 年的正常时限完成所有博士课程的目标。为了实现这一目标，他需要修满 24 个学分，课程不可谓不多，压力不可谓不大。但是，在高效率高质量地准备博士课程考试的同时，郭老师对课堂教学质量的要求却从未降低，他的课仍然深受学生的喜爱，郭老师为此所付的心力可见一斑。

郭老师提及自己的目标时，透露出坚定的信心：在攻读完博士学位之后，我将向出国深造方向进一步迈进，多方借鉴，不断探索，经过自身的历练，把教学质量和科研业务水平提升到一个更高的档次。“路漫漫其修远兮，吾将上下而求索。”屈原千年前的励志之言在如今的郭宝才老师身上作出了诠释。

“压力像弹簧，你弱它就强”，面对压力，郭老师从未退缩，他又开始着手统计学硕士研究生的教育工作。提及带研究生的感受，他表示这是又一次对自己的考验。研究生的培养与本科生存在着很大的不同，对研究生的培养更加注重专业性与学术性。带研究生的第一年主要以知识的传授为主，第二年则进入学术论文技巧与实战的培养。因为自己缺乏带研究生的经验，郭老师时时不忘向有经验的老师取经，以及时修正自己在教学上的不足。学生遇到学业上的问题时他亦及时解答，从来不曾马虎过。

教书育人、攻读博士、钻研学术、教务办公，如此紧凑而丰富的生活，难怪郭老师笑称如今的自己把 80％的时间都交诸事业，事业之外的生活只剩 20％的空间。

亦师亦友　师生无间

郭老师说过这样一句话：“如果你遇到学习上的问题，请在晚上 10 点前联系我；如果你遇到心理上的问题，随时可以联系我。”而这句话，从来都不曾落空。郭老师的许多学生，在校的或是工作的，至今都与他保持着联系。在有学生面对两次浙大考研的落榜而一度陷入情绪低谷时，郭老师便给他鼓劲，成功成才的道路有很多条，考研并不是唯一的选择，谆谆的教诲引导这名学生摆脱了迷惘，顺利走上了工作的道路。有个沈同学曾经为前途的何去何从表现出迷茫的情绪，也正是郭老师及时的排解，让她坚定了考研的信心，继续着自己求学的梦。对此，郭老师说，因材施教是一位合格的老师所应该做到的，同样是考研，有的同学需要你的鼓励与支持，有的同学则需要劝其放弃，要根据实际情况

而定。诸如此类的事情不胜枚举，而这些无不体现着一位师长对学生父爱般的情怀。

在读研究生沈蒙娅和王智楠曾是郭老师的学生，在谈及郭老师时，俩人用了这样几个词语形容郭老师："幽默""耐心""细致""平易近人"。沈蒙娅谈到，"老师是一个很实在的人，无论是学习上还是生活中，他都是我的良师益友"。原来每当遇到学习与生活中难以排解的问题时，沈蒙娅便会向郭老师请教。她表示，但凡有学生遇上生活与学习中的问题而向郭老师请教时，郭老师总会放下手头的工作，做一名耐心细致的倾听者。在每一次和郭老师的聊天中，她都不会有丝毫的心理负担，就像是和一位亲密的朋友聊天，有什么说什么，讲到哪儿就是哪儿。与郭老师是老乡的王智楠同学则说："平时在校园里，但凡遇见郭老师，他总是先和你亲切地打招呼，丝毫没有老师的架子。"是的，郭老师从不给学生以距离感，而回馈于他的，也是学生对老师的"亲密无间"。秋游时总不忘问一句"郭老师，你一起去吗"；教师节时，手机里总是装满"教师节快乐"的祝福；毕业季，总有学生不舍地依偎在旁，就想和郭老师多坐一会儿，多聊一会儿。

述及此处，笔者亦有同感。虽说采访郭老师只有短短的时间，然而郭老师质朴无华的谈吐、和蔼亲切的态度，却让我印象深刻。在电话采访完郭老师的学生王智楠之后，笔者很快又收到了他这样的一条短信："宝才哥其实很早就应该介绍一下了！"简短的一句话，流露着学生对老师的浓浓情谊，也让笔者为有这样的师生之谊而感叹。

（原载于《浙江工商大学报》646期）

我以为一名老师，一名视"育人"为第一要义的老师并不能视为"感动"，而仅仅是一位教师的职责所在。之于我，则更将育人视为一种乐趣。一名大学老师的成就不单是在科研上，在课堂上被学生所接受才是对一名教师最大的认可。长期以来，我都有这样一个目标，不是发表多少论文或获得多少荣誉，而是在若干年之后，当我教过的学生们重返母校时，能言及这么一句："郭老师曾经教过我。"我想那一刻，我会是最"感动"的。

——郭宝才

导读：

在她看来，教书的目的是育人，"人生导师"与"学业导师"同等重要；她致力于帮助学生完善人格；她耐心温和，是学生们的知心大姐。她赢得了学生的认可，因为她好似那暖人心田的阳光一抹。

那一抹暖人心田的阳光

——记人文与传播学院王丽梅老师

文/项思杨

又一次与王丽梅老师相约见面，是在一个刮着大风的秋日午后。彼时，窗外的风正刮得有一些猛烈，而办公室里王老师热情亲切的笑容，却让人一下子就联想到了暖洋洋的阳光，以至于周身都涌起了一股融融的暖意。刚开口说话，王老师便敏锐地发现了笔者感冒的症状，立即取出包里的感冒药和办公桌上的水果递给笔者，并耐心嘱咐，注意天气变化，照顾好自己的身体。

记得第一次听闻王丽梅老师的名字，是因为大一时学长、学姐对王老师的高度评价。不论是课堂上内容丰富、开拓思维的精彩解说，还是课后积极和同学们沟通，竭尽所能去帮助同学解决生活、学习等各方面的困惑，王老师都做得极为出色，也赢得了一大批同学的喜爱。之后，笔者终于先后在中国文化史和女性文学研究等课程中，接触到了王丽梅老师，领略了王老师独特的个人魅力。

独立思想　自由精神

国学大师陈寅恪的名句“独立之思想，自由之精神”不仅被王老师奉为自己的座右铭，还成为了她在教学中始终贯彻的原则。虽然，她是一名中文系的老师，但她同时也是历史专业的博士后，对历史和哲学都有着极大的兴趣和深入的研究。她以“文史哲全面结合”的教学理念，引导学生以文学的精神、历史的视角和哲学的思辨来探讨学术和人生。在教学中，她极力推崇自由思想和独立精神，使学生感受思想的碰撞，帮助学生完成心灵与人格的成长，使教育回归到“人的教育”上来。正如人文与传播学院黄文伟同学所认为的，王老师不仅能在课堂上随性洒脱地表达自己独特的想法，也极力突破应试教育的条条框框，关注学生的成长过程和全面发展，从而实行面对人生的拓展式素质教育、思维碰撞式和启发式的教育。正是这样的教学理念和负责任的态度得到了同学们的认同与欣赏。

在王老师看来，教书的目的是为了育人，是帮助人完成心灵的成长、完成人格的构建，而这个任务应该从人的出生开始逐渐到大学毕业，通过家庭教育、学校教育、社会教育等过程慢慢完成。毋庸置疑，学校教育是人的成长中最重要的一环，因为人在学校体系中的求学阶段正是人的成长中最关键的时刻。然而，如今我们的中小学教育却完全一边倒，倒向了知识性的传授，因而人的价值观的确立这项艰巨的工作就几乎完全转移到了大学时期。学生们一进入大学，骤然获得的自由和轻松让多年累积的问题一下子暴露出来，人生中出现了前所未有的困惑。这常常让王老师觉得教师肩上的担子特别重。面对这么多的“历史遗留问题”，王老师不怕麻烦，仍是竭尽全力去帮助学生们完善他们的人生观、世界观、价值观。中国文化的核心精神就在于“做人”两字，在如今这个急功近利的时代，学生的当务之急不只是学习，还有就是要学会健康快乐地成长，因此王老师一直在教学生们怎么做人。她谦虚地认为，学生们喜欢自己，肯定自己，并不是因为自己做得有多好，而是因为如今大多数的学生都特别需要人生方面的指导，而她自己真的怀着真诚之心去做了，学生们对王老师的接纳，其实正是对这种教学方式的肯定，对“学业导师”和“人生导师”结合的认同。

自我完善　自我超越

学高为师，身正为范。王老师认为，如果教师自身的精神境界都变得愈来愈低下，那又如何能胜任教师这个精神引领者的角色呢？深受人文精神熏染的她始终保持着一种超越的精神，努力追求心灵的自由，并以科学的价值观念引导学生们完善人格，追求理想。其实，教师和学生同样都面临着一个自我完善、自我成长的问题。因此，王老师对师德师风的建设这样解读道："师德师风建设的问题某种意义上也是教师的心灵成长问题、人格构建问题。这不仅仅关系到为人师者对学生的培养质量，也关系到教师自身的幸福感。道德有基本道德和高尚道德之分，作为一个普通公民，遵守了基本道德就可成为合格的公民，而'为人师者'则应该用高尚的道德作为自己的努力目标，不断地追求高尚道德，追求精神上的超越。"的确，"自我完善、自我超越"这八个字正是王丽梅老师对自己的要求和鼓励，这八个字帮助她在自我成长中获得内在德行的提高，从而最终实现自助助人的人生目标。

王老师说："事业感的满足会让人不计较名利和得失，会让心灵得到极大的满足，即使遇到压力和阻力也会无怨无悔。"她认为敬业的"敬"是敬重和敬畏，任何人都应该对自己的工作保持一种敬重和敬畏的心态，尤其对于一个教师来说，更应如此——因为教师的工作对象是人，工作内容是塑造灵魂。一个人的命运，一个人的心灵，也许在教师的引导下会走向超越，抑或在教师的误导下走向沉沦，作为教师，又如何能不敬畏呢？只有保持了敬畏，教师才能谨言慎行，兢兢业业。正是出于这种敬畏感，王老师才在心灵层面持续地进行自我完善，在知识层面不断地进行思想更新。

乐观洒脱　知心大姐

来自东北的王老师，有着东北人特有的一份洒脱和热情。她总是以一种乐观、积极、豁达洒脱的心态面对生活，以个人独特的魅力引领学生追求有意义的人生。课堂上，她时常会举出一些生活中的小事例，在表达她乐观洒脱的心态

和见解独到的观点的同时，也开导、启发学生。课堂之外，通过 QQ、电子邮件和短信的方式，她成为了同学们的知心大姐。许多已经毕业或是从人文与传播学院转专业至其他学院的同学依然喜欢并支持着王丽梅老师，仍然和王老师保持着密切的联系。其中有一位同学这样说，从没见过一位老师会在自己的课堂上"轰"同学们去听别人的讲座的，王丽梅老师是自己遇到的第一个。王老师细心、耐心，上课时会准备好许多和自己课堂内容有关的书籍，等着需要的同学去向她借阅；王老师还情感丰富、乐于助人，和老师这一身份相比，她更像一个无话不说的朋友，一个关心学生心灵成长的知心大姐。

在获得人文与传播学院"十佳教师"评选活动的第一名后，王老师又获得了浙江工商大学第一届"十佳教师"的称号。这对她既是最大的肯定，也是莫大的鞭策。对王老师来说，回复学生邮件，和学生交流沟通、指导学生做学问和做人已成了她生活中不可或缺的部分，但她仍然认为自己在工作中做得还不够，仍然可以做得更多、更好。

面对这样一位亦师亦友的知心大姐，相信许多同学都会被她那独具魅力的教学风格、高尚的师风师德、乐观洒脱的心态所深深吸引，并为其深深折服。王丽梅老师用她那和蔼可亲的笑容、体贴备至的关怀感染了许许多多喜爱她的学生，正如冬日那一抹柔和而又不乏穿透力的阳光，一直温暖到每个人心灵的最深处……

（原载于《浙江工商大学报》639 期）

对于我来说，人生就是一场修行，是一个自我认识、自我完善与自我超越的过程。但是这个过程何其艰辛，且不谈自我超越，单单就是一个自我认识就足以让人迷惑终生。我试图在古往今来的智者那里找到明晰的自我，找到我的来处与去处。但最终发现，无论我来自何方，去往何处，当下总是一个个的永恒，我因而信奉了脚踏大地仰望星空，以恒久的天道来完善与超越自我的现世存在。

——王丽梅

导读：

年仅36岁的他，是企业管理学方向的博士生导师，也是工商管理学院副院长，可谓年富力强；他以成绩斐然的科研和实践，为学校的发展贡献着力量；他春风化雨，润物无声，跟学生们保持着心与心的近距离沟通；澄怀观道，孜孜以求，他便是金杨华教授。

澄怀观道　孜孜以求

——采访工商管理学院金杨华老师手记

文/艾　岩

他是浙江工商大学企业管理学博士生导师，一直潜心于组织行为与人力资源管理研究，探索中国转型社会背景下的组织公正与商业伦理建设，他就是浙江工商大学工商管理学院36岁的副院长金杨华。

博学笃行钟灵秀

金杨华老师秉承科学严谨的研究作风，主持了《组织公正的多水平建构与互动效应研究》《管理者伦理决策过程及多水平影响因素研究》等国家自然科学基金项目，研究成果在《管理世界》《心理学报》《科研管理》《Kybernetes》等刊物发表，丰富了本土化组织公正和组织伦理体系，为组织公正与伦理建设提供了较为坚实的理论支持。他注重以科学研究服务社会，为浙江物产集团、浙江移

动、浙江电信、汇润机电等企业提供咨询服务，担任过华星创业、德勤海运、小商品城等公司独立董事及顾问，受聘浙江省中小企业创业指导师，不断为浙江经济社会发展贡献力量。

近年来，金杨华老师承担了学院行政管理工作，分散了他的一些教学研究精力，但他觉得只要角色定位准确，是可以做好行政服务和教学科研平衡的。金杨华老师谈到目前行政工作的重点都放在提升学生培养质量和学院学术影响力上，行政工作之余也不能忘了作为高校教师自身"博雅、研究、服务"的使命。正因如此，他把周末和晚上的大部分时间都花在了文献阅读、教学科研和社会服务上。

谈及教育模式，他认为中外教育模式各有千秋，我们要做的是不断提升自身的认知，借鉴他人宝贵的经验，创造一个适合自己的模式。他深谙孔子的"因材施教"的道理。他既给本科生授课，也给工商管理硕士学员讲课，还为博士生讲授管理研究方法等课程，他认为能给不同类型学生授课并受到欢迎是很有挑战性的事情，他很享受跟学生分享知识、探讨问题的快乐。

春风化雨一片情

金老师常常挂着淡淡的微笑，在学生眼中，他是可爱、幽默而又平易近人的。他举手投足间散发的人格魅力，使他赢得了学生的喜爱和尊崇。但是，当学生犯错误的时候，他的批评亦是毫不留情的，诠释了"爱之深，责之切"的真谛。这是一种责任，也是一种鞭策。

他爱学生，正如学生爱他那般。尽管每天的工作安排得总是满满的，但他却总能够在百忙之中抽出时间跟学生谈心，对学生进行指导。在他心目中，每个学生都有独立的人格，他的关心从来都不会厚此薄彼，学生的全面发展是他最关注的事情，在分配项目任务时也总是一视同仁、不失公平。当学生需要帮助时，他总能够放下手头的工作，抽出时间来接待学生，并真诚地解决学生的问题。金杨华老师对于学生，除了大爱，更有无私。对于班里有经济困难的学生，他常常让他们帮忙做些简单的事，然后付予薪酬。他认为这样既能锻炼学生的能力，也很好地维护了学生的自尊心。

他既如慈父，亦是严师。有一次外出做课题，他在传授学生做一些PPT的经验时说："能够用数字表达的就尽量不要用文字，能够用表格就不要用数字，

能够用图形就不要用表格。"他希望学生们在表达时能够言简意赅，洞悉事物的本质，提高做事效率。金杨华老师经常会提及自己的恩师王重鸣教授，也经常用恩师对他的期望来勉励学生"Still Confusion，but at a higher level"。

理论和实践相结合是金杨华老师一直所坚持的理念，并付诸行动。他经常带着学生参加实践，给他们锻炼的机会。宝剑锋从磨砺出，成才是一个不断磨砺的过程。金杨华老师所做的，便是磨刀石的工作。

亦为良师亦挚友

很多学生难以理解，在课堂上激情澎湃的金老师，给人带来的是一种如柔和春风般的平易近人、风趣幽默。他一贯保持谦逊、质朴和务实的作风，仿佛种种成绩对于他而言只是过眼云烟，不以物喜，不以己悲。他懂得欣赏别人的长处，并虚心学习。在与人相处中，他始终保持着微笑。人与人交往中难免有摩擦，但他往往选择宽容，退一步海阔天空。在众人眼中，他的微笑是最美的一道风景。

学生和同事的认可是金杨华老师获得的幸福的一种，还有种幸福来自家人。虽然他一心致力于学校教育工作，但谈到他的女儿小米时，满满的幸福会顷刻爬上他的脸庞。

如今已成为副院长，但他和学生的距离却并未因此而拉远。他爱讲冷笑话，逗得一群人笑成一团；他爱跟学生、朋友聊天，谈传统文化，聊人生感悟；他还爱打羽毛球，虽然大汗淋漓，但却笑得很开心。他给人的印象是一个有血有肉的金杨华教授，不仅是良师，也是挚友。

小时候爷爷说我缺木、少根，所以在名里取"杨"字，希望我能够像胡杨树那样扎根土地。"阴阳五行独缺木，浮萍漂泊本无根"，刚参加工作时，没想到自己会在学校待这么久，近十年时光已一晃而过。回顾这段经历，领导的关怀理解、老师的诲人不倦、学生的求知若渴都让我感动；知识分享的喜悦、自由探索的乐趣、不断成长的充实让我体悟幸福，这些大概也是我扎根高校的主要原因。

——金杨华

导读：

年轻而富有激情，责任心和爱心兼备，喜欢校园，喜欢教书，喜欢科研，致力于以科研促进教学。

她很忙，有各种各样的“deadline”，但她的心态很年轻。因为，有爱、有活力、有激情的人会一直年轻。

永远年轻的老师

——计算机与信息工程学院姜波老师访谈

文/王程洁

姜波是浙江工商大学计算机与信息工程学院教授，一个有追求的人。她喜欢探问未知的答案。人生之于她，永远年轻，永远在路上。

记者如约在她的办公室见到她，素面，套装，显得格外清爽而干练。在她的电脑桌面上，总有一张张便笺纸，写着各种“deadline”，以提醒和勉励自己。她对学校有一种归属感，全身心工作在她看来是一份责任，教书育人被她视为良心所在。她有点追求完美，总希望把事情做到最好，“放弃”是一个在她的词典里找不到的词语。这就是姜波。

她总说：“有些事情乍看挺有难度，但是如果是自己想做而且必须要去做的，便会全力以赴地去完成，如此一来往往会出成果。若是一开始就认为自己做不到，没有足够的决心和毅力，结果肯定是不了了之。只有抱着必胜的决心，对自己充满自信，事情才能成功。”她一直追求着这样的成功。

学校　情结所在

1992 年，姜波以综合成绩专业第一从浙江工业大学毕业。随后她便进入当时的杭州计算机软件研究所任职。20 世纪 90 年代初期，在提出发展社会主义市场经济的时代背景之下，原先单一所有制的国有、集体企业纷纷改制。其后不久姜波所在的研究所也随之改制并易名为中国计算机软件与技术服务杭州分公司。

在企业工作的初期，姜波主要从事图像处理、商业信息化方面的工作，并时常与北京总部一起开展一些大的项目或工程的研发与运作。大学的知识积累使得她对于工作游刃有余，随后几年伴随着经验的增长、履历的丰富，工作逐渐转向项目的总体设计和管理。

改制后的公司，仍留有研究所的浓厚的科研氛围，在动手能力提高的同时，工作经验的积累和认真的思考也锻炼了姜波的科研能力。对她来说这是一种幸运，也改变了其后的人生轨迹。在工作了 6 年之后，1998 年姜波考入浙江大学，跟随导师陈纯教授攻读硕士学位。

姜波常笑说自己好像有一种“恋校”情结。“我非常喜欢读书，喜欢学校单纯而宁静的氛围”。硕士毕业后，姜波进入浙江工商大学任教。为了不故步自封，有更好的发展，2004 年她开始在职攻读浙江大学计算机学院博士学位。一鼓作气，4 年后的 2008 年，她紧接着在浙江大学展开了博士后研究工作。“吾生也有涯，而知也无涯”，她一直求索着。

事业　责任所在

如今的姜波已是浙江工商大学软件工程系主任，在投身科研的同时也承担了大量的行政工作。作为浙江省中青年学科带头人，她还担任了许多专业领域的社会职务，如：中国计算机学会协同计算专委会委员、中国计算机学会青年计算机科技论坛（YOCSEF）杭州主席、浙江省计算机学会青年工作委员会主任、浙江省“十二五”重大科技专项和成果转化工程咨询专家组专家等，可以说忙碌

成了她生活的主旋律。

然而姜波一如既往潜心于科研。她说这是一种无法取代的乐趣，也正因为这样的态度，近年来，姜波科研成果斐然。她主持承担了浙江省科技厅科技计划项目、浙江省自然科学基金项目7项，其中重大重点项目5项；获得国家博士后科学基金项目1项；作为主要成员参与国家自然科学基金、"863计划"、"973计划"、科技支撑计划项目、多项省基金重点项目。她在国内外主流期刊及国际会议上发表高质量学术论文50余篇，获得软件著作权3项，申请发明专利11项，其中9项已获得授权，并获得浙江省科技进步奖1项。

荣誉也意味着责任。姜波一直是个力争上游的人，肩上的担子越重，她付出的精力越大，但始终一丝不苟地履行着自己的本职工作。她带领了一个实验室搞科研，这是个年轻而富有激情的团队。作为实验室的负责人，把实验室这个团队带好，成了一份责任。虽然职务繁忙，但是姜波把每一位教师和研究生的困难都放到了心坎上。她常常会与教师、研究生谈心，了解他们的所思所想，疏导他们的困惑。她总是尽力调动大家的积极性，发挥每个人的优势，营造一种十分和谐的合作氛围，使每位成员都工作愉悦，能在合作中发挥特长优势，使团队效率最优化。

科研之外，姜波还要肩负学院一些行政性事务。五六年前，姜波刚刚被提升为系副主任，学院也常指派她承担学院的专业建设、学科建设方面的工作，同时又担任班主任。这对姜波来说是一种压力极大的考验，在刚开始那段时间，姜老师甚至找过学院书记提出卸任班主任一职。书记听完她的叙述后，并未同意，只是说，"人应该学会十个手指头弹钢琴"。她一直记得这句话，人弹钢琴的时候，十个手指分配的力量有轻有重，这样才能弹出荡气回肠的完美乐章。而人生又何尝不是如此呢？至今姜波在面对繁忙的工作时仍喜欢用十个指头"弹钢琴"，使工作条理清楚。

作为一名知识分子和高等教育工作者，姜波并不认为自己的责任仅仅局限于教书育人，"天下兴亡，匹夫有责"，何况是受国家多年培养的大学教师呢？心系社会、关注民生也成了姜波的另一项"事业"——作为社会民生的事业。2008年以来，在省重大科技项目的支撑下，她带领团队开始从事现代智慧社区的研究和建设工作。近年来，她一直将科研重点放在推动社会进步和实现社会效益的项目上。

教育　良心所在

教书育人在姜波看来是一个教师的良心所在。她总说一个教师应该负责，在有限的能力和资源范围内给予学生最大的支持和帮助。此前她有个硕士研究生，想要报考浙江大学的博士生，为此姜波在其复习的时候，为他提供很多指导，并帮他联系了导师，当得知这个学生成功入学后，她非常高兴。

2010 年，姜波前往美国迈阿密大学进行高级访问，但她仍然心系学生。在国外的那段日子，姜波细心地观察着国外大学的点滴。在她眼里，国外的大学很严谨，学术研究一丝不苟，对于学生培养的很多理念和方式都值得借鉴。那里每周都会有学术讨论会，每个人都可以畅所欲言，导师们也很注重学生自主科研能力的锻炼，会定期和每个学生面对面交流，这让姜波深受感染。回国之后，她也将这种理念付诸实践，现在她带研究生，总是坚持每周和学生进行一对一的交流。对于学生写的论文，她批改得也总是极为认真。

“每个人，一定要知道什么是自己想要的。在追求的过程中，会有各种考验从四面八方袭来，但是咬咬牙熬过这段就好了。”她说道，淡淡的笑容里含有一份雍容和自信。

曾有姜波的学生这样评价她：“一位永远年轻的老师。”是的，年轻不止体现在外表，更源于内心的活力和激情。怀着对教育事业的挚爱，意气风发地行走在人生的道路上，前方一定会有更美丽的风景。

（原载于《浙江工商大学报》649 期）

我觉得自己特别幸运，能够作为高校教师从事着自己喜爱的工作。潜心教书育人、用心做好科研，以自己绵薄之力为学生提供更多的帮助和服务、为学院和学校的发展作出贡献，是自己最大的心愿。

“宠辱不惊，闲看庭前花开花落；去留无意，漫随天外云卷云舒。”保持进取之心，感受生命旅途的精彩；保持平和之心，淡然面对成败得失；保持感恩之心，真情回馈家庭与社会。一辈子如此，足矣。

——姜　波

导读：

只问耕耘，不问收获。

只求付出，不知索取。

享受学术，享受生活，沉醉于传道授业解惑。

不问收获的他，学生却从他那里收获到很多很多。

只问耕耘的人

——访金融学院江涛老师

文/徐　巧

金融学院的江涛老师，在教育战线上默默地耕耘着，“只问耕耘，不问收获”，他抱着这样的一种情愫坚守在自己的岗位上。在教育上，他认真向学生们“传道授业解惑”；在科研上，他孜孜以求，不断创新，硕果累累；在管理上，作为副院长的他兢兢业业，致力于金融学院科研与研究生教育的发展。他的一言一行，都体现了他不懈耕耘的态度。

求学："享受"的态度

提及自己的求学之路，江老师这样说道："1978 年，也就是刚上高中的时候，受陈景润攻克数学难题'哥德巴赫猜想'的激励，我立志做一名数学家。"因此，在 1980 年的高考取得高分之后，他毅然选择了浙江大学数学系，开始了自己的数学征程。

读博期间，他结合自身的情况与现实的要求，将研究方向确定为应用概率

与保险精算。在此后的几年里，江老师发表了一系列高水平的论文，有的引起了国际同行的关注。著名学者 Paulsen 在其 2008 年发表的综述性论文《具有投资收益的破产模型》一文中，在显著的位置上介绍了江老师的成果。

2010—2011 年，利用国家留学基金的全额资助，他怀着热切的求知之心，前往美国爱荷华大学的统计与精算系做访问学者。这次出去的目的，除了与国外学者合作研究外，更重要的是要学习有关保险精算的英文教学与培养模式。在这所精算研究居于世界前列的大学里，他主动与站在学科前沿的教授们讨论交流，认真了解西方精算学的教学计划与培养模式。同时，他并不满足于此，时常去美国其他的学校，做进一步的考察与学习。经过努力，他充分了解了精算学科的研究主流，并且深谙美国的精算教学体系。目前在浙江工商大学已经为本科生和研究生开设了若干采用原版英文教材的精算课程，受到了同学们的广泛好评。

回首以往漫漫的求学之路，江老师微笑着说："刚开始，觉得学习很辛苦。慢慢地，就觉得很有趣味。现在，当我和学生们讨论一个个有趣的精算问题时，我会觉得是一种享受，就像喝咖啡、品龙井茶一样，越喝越有味道。"

教育：负责的态度

"我很喜欢我们浙江工商大学。在这里，老师们热爱学生，对待学生关爱有加，让我很感动。"江老师说，"对学生好的方式有很多种，作为一名教授，我也许不能像许多辅导员一样，在学生的生活上关爱他们，但我选择了让学生们从学术上获益，如选择最好的教材，提供最适合的教学方法，打开国际化视野等，这也是爱学生的一种形式。"正是抱着这样的态度，在学生的学习上江老师投入了相当大的心力。

首先，江老师是学生学习的监督者。保险 2009 级的陈潜同学对保险学有着浓厚的兴趣，时常将一本教科书翻到"烂"。对于这样一名勤奋的学生，江老师总会主动联系，了解其学习情况，推荐好书目，为其答疑讲解。同时，让他的学生们印象深刻的是，作为大学老师的他会像高中老师一样关心着学生的学习，甚至主动为学生补课。

其次，江老师是儒家"因材施教"思想的践行者。在看似枯燥刻板的保险学课堂上，他擅长采用"启发式"教学，以书本为主线，同时传授前沿的知识，对于

典型案例更是能信手拈来。在他看来，教学与科研是互动的。“如今的孩子，上学的成本大，我能做的就是让他们多学一点、多掌握一点。”为了让学生收获更多，江老师总是从学生自身的特点出发。例如，曾有一名 2008 级的研究生，性格内敛、缺乏自信。为了帮助她克服自身的缺点，在和她合写一篇论文之后，江老师特意要求她完成后续工作，经过这次锻炼，该学生大大提高了实践能力。随后，江老师进一步锻炼她的胆量：他放弃了去香港开会的机会，而提出让该生出席那次会议，面对这样一个机会，这名学生犹豫许久，几经思量，她独自踏上了旅程，只身参加并且宣读了有关论文。这次会议的参与，开拓了她的眼界，让她树立了自信。又如，江老师也曾遇上知识扎实却十分粗心的学生。于是，遇上需要细心处理的活儿，他经常交给该生去做，从而帮助他慢慢克服了粗心的毛病。

再次，江老师更是教育改革的呼吁者与支持者。他总结多年的教育经验，结合西方学习期间的考察所得，主张学校加快课程改革进程。他建议：应完善本科概率论、线性代数等数学学科的知识体系，让本科生打好坚实的数学基础；增设一门选修课，例如可以开设《金融数学》选修课，并采用通俗性的讲解方法，以培养学生对课程的兴趣。总之，培养学生始终是他的一大心愿。

学术：“上瘾”的态度

用学生韦健涵的话说：“江老师的身上有着一种学者独有的气质，这种气质你能从他的眼神里获得，是一种埋藏在骨子里的气质。”彭甩扬同学则说：“去江老师家里的时候，常见到江老师正埋首书房做事情。”可以说，学术已经是江老师生活中不可或缺的一部分。

2008 年，江老师成为浙江省金融学重点学科保险方向学科带头人、浙江省人文社科重点研究基地保险方向学科带头人、浙江省创新团队保险方向学科带头人。2009 年，他的科研成果获得浙江省高等院校优秀科研成果一等奖。

凭借学术上的突出成绩，江老师先后受聘为江苏省概率统计学会理事、浙江省保险学会理事、中国保险学会理事、中国概率统计学会精算专业委员会委员等。他还是南京审计学院兼职教授、国家自然科学基金委的管理科学与工程部评议专家，目前受聘为浙江工商大学西湖学者。

面对荣誉，江老师表示这更多的是一种压力与激励，而并非固步不前的资

本。在学术领域的多年探索，让他对学术的态度有了从量上到质上的改变。如今的他，已不再似年轻时那样注重数量上的积累，而是转向做学问追求精。对"学术"这位老朋友的态度，他则用了"上瘾"二字加以诠释。

生活：闲适的态度

在生活中，江老师一改学术上的严谨态度，他关爱家人，周末时经常会陪着爱人漫步于西湖边，一同品味江南的风韵，享受着生活的愉悦。

围棋是江老师多年来的爱好。江老师觉得，棋如人生，需要智慧和胸怀，近年来由于忙于工作，下围棋的时间已经不多，但有时也会忙里偷闲放松放松。

江老师对国家的宏观经济形势非常关心，近年来，针对温州综合金融改革的启动，江老师很快便随团队深入温州考察，了解改革的最前沿情况。他认为，作为金融学院的老师，除了要掌握书本上的理论知识，更要关心与明了现实的金融环境。

对于正在学海求索的学生，江老师送上了这样一句话："根深才能叶茂"，只有在学生时代经过扎实系统的学习，才能厚积薄发，为未来的高飞积累力量；对于刚刚踏上讲台与科研阵地的年轻教师，江老师也用"只问耕耘，不问收获"与他们共勉。其实，江老师说的"不问收获"，只是不计个人得失的意思。而对他来说，学生们的成长，恰恰是他所期望的最大的收获。

对于商大，我从心底里充满了感激之情。感谢学校给我提供了良好的工作与生活条件，让我能够全身心地投入工作；感谢金融学院的各位同事对我的帮助与鼓励，让我能够不断进步；感谢学校良好的尊师环境，让我能够在为教学付出的同时，充分享受教书育人的满足与自豪感。在商大，常常会有让我感动的人与事，他们净化并升华着我的心灵。我希望，在未来的日子里，我们大家不经意的、或者成为习惯的行为，会有人为之感动。到那时，我们的校园，我们的社会，我们的明天，会变得更加美好！

——江　涛

导读：

对于每一个学生，他既是老师，为学生拨开知识上的迷雾；又是朋友，与学生分享快乐的真谛；还是兄长，关心着每一位学生的成长。

他的角色如此多重，他的生活如此多姿……

老师·朋友·兄长

——访财务与会计学院优秀班主任任家华老师

文/刘望秀

三尺讲台是他的战场，手中粉笔是他的武器，他把自己最好的年华献给了教书育人，带领着莘莘学子创造美好的未来。是的，他就是财会学院优秀班主任之一——任家华老师。晚上9点钟，笔者如约在经济楼119教室见到了任家华老师，此时教室里还有两位任老师的学生在与他交流，而那个时候已经是老师的下课时间，他却依然不顾一天的劳累在为学生答疑解惑。其实在见到任老师之前，我们就已从高年级的学长、学姐口中听说了任老师人很好。当亲眼看到的时候，这种感受才是最深刻的。

如明灯驱散了迷雾

任老师知道我们此行的目的，亲切地请我们坐下后就从公文包里拿出了班主任的开会记录，一边拿还一边再三向我们强调，等会儿他所要谈的一些观点

绝不单是他一个人的想法，而是众多班主任们一起讨论和交流的成果，他只是作为一个代表来与同学们交流，老师谦逊的态度让我们肃然起敬。

任老师从见到我们开始脸上就一直挂着笑容，他亲切地对我们说，财会学院的班主任可是很多老师抢着去做的，有这样一个机会能与同学们有更多的交流、沟通，对老师们来说不仅能提高自身素质，更是一个在向同学们传递知识以外传达做人做事理念的好机会，而这些理念往往是同学们更为需要的。

任老师说，提到理念，他自己就有一个，那就是要成为学生的“信息中心”。任老师说，教师的教学经历、人生感悟、社会经验都是最好的信息来源，对于校园内面临各种选择、心怀各种困惑的学生们，这些信息可以成为让学生真正得到成长的垫脚石。任老师笑笑说，你们想，如果我请上几届的学长、学姐来给你们现身说法大家一起交流，那效果是不是比我们老师在讲台上说半天来得要好呢？是的，以同学们的角度来说，很多时候对未来都是处于迷茫状态，因为没有人知道未来到底是怎么样的，一切都充满了不确定性。所以，这个时候必须得有一盏明灯指引着我们，而任老师恰如这盏明灯，我们是何其幸运，能够遇到如此为学生着想的好老师。

对于这个理念，任老师说他还有一个准则来做补充，那就是要全方位地成为学生的学习导师、生活导师、成长导师。任老师说，当学生踏进大学那一刻，其实已经有半只脚迈入了社会，在这个阶段成为一个优秀的人远比成才来得重要，先成人方能成才。

享受生命的苦与乐

任老师问了我一个问题，他说，你能想象你35岁后的自己吗？我说应该是没有了青春活力的一个无趣的职业女性或者家庭妇女吧。任老师笑笑说：“对于人生，我一直觉得是一个享受的过程，或许许多人会觉得青春也就是二十几岁这几年吧。其实不然，35岁之后又是一个不一样的青春；换句话说，鲜花慢慢开。花开的时间不会很长，但开放之前却要经历漫长的孕育过程，这是为了绽放的美丽所要承受的。用承受这个词太过苦闷了，应该用享受。人生就是用来享受的，享受苦难，享受学习，享受生活。”

任老师认为，现在有些学生把自己的目标设得太高，所以活得并不快乐。就业的压力、感情的压力、学习的压力统统都压在他们的身上，如果他们懂得调

节，懂得享受，那么生活的幸福感就会降临。

以后要创造的美好未来，并不是三五年就能够完成的，美好的生活是要靠自己一步一步地努力实现的，在这个过程中就要舍得花时间，而不是只求快，更不是忽略自身的感受。就像他喜欢跑步一样，并不是为了速度快，而是享受跑步时的喜悦，特别是在不同的地方跑步的时候，他享受的是周围环境带给他的新鲜感以及跑步时朋友之间边跑边聊的喜悦。说白了，任何事物的形成都是一个累积的过程，而学会享受过程是极为重要的。

亲切得如同兄长

任老师说，不论是不是班主任，不论你面对的是不是自己的学生，只要你是一位老师，就都应该热心地为学生答疑释难。在此之前，笔者就听过一个关于任老师的小故事，任老师所在班级的学生为了参加一个营销活动，下课后便找任老师咨询，任老师从来不会拒绝学生，欣然接受，从一开始参赛作品的策划到实施，任老师一直给予力所能及的帮助，在和学生讨论问题的时候，有电话打进来，他也顾不上接，而是与学生们讨论完后再一一打回去解释，他说怕电话打乱了学生们的思考。

任老师给我们讲了他自己的一次经历。有一次凌晨两点，他收到了一个并非自己班学生的短信，那位同学在短信里说自己很压抑很痛苦，他看到短信立即给了回复，说了长长一段安慰开导的话。他说，虽然我并不能保证我的短信能让那位同学完全走出苦闷，但是如果我不回短信的话，学生的情绪得不到回应没有了发泄口，这些情绪就可能会是压死骆驼的最后一根稻草。这是一个整日整夜开着手机、欢迎学生随时随地"骚扰"的老师。我们看着任老师，觉得他亲切得就像自己的朋友或兄长。

任老师乐呵呵地对我们说，要做一个服务型班主任，成为学生的良师益友，成为学生的亲人。谈话间问任老师有没有和学生一起活动，老师这时又展开了笑容，摊了摊手无奈地说，他喜欢跑步，但现在的学生大都不喜欢甚至厌恶跑步。我们笑答，现在体育课要考12分钟，老师可以把全班同学一起抓去集体跑步，场面应该很有趣，老师听了我们的话，会心地笑了，笑的时候眼睛弯弯的，满目都是真诚。

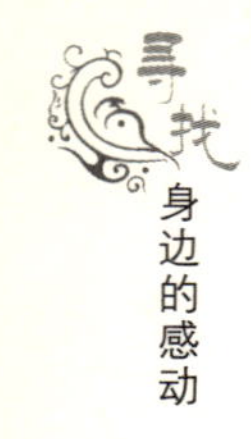

独乐乐不如众乐乐

任老师很爱家，他说他喜欢一大家子人在一起的感觉，这种天伦之乐是其他任何东西都无法比拟的。寒暑假的时候，任老师就带着家里的老小天南地北地旅游。去年暑假，任老师就带着他90多岁高龄的爷爷去了趟北京，当任老师的爷爷走到了天安门的时候，几乎激动得掉了泪。回到家乡后，老爷子更是开心得跟孩子似的，逢人便说。说起这段的时候，任老师语重心长地嘱咐道："一个人的快乐并不是真正的快乐。如果把自己的幸福当做自己的全部，那么这个人就必定是自私的。要让你身边的人快乐，从带给别人的快乐中找到自己所要的幸福感，这才是真正的幸福。"

尾　声

采访到最后，任老师跟我们强调，这里提到的观点很多都是班主任团队的想法，在班主任这条路上有很多老师走得比他好，付出的汗水比他多。我们感谢每一位老师的辛勤付出，也体谅老师们由于忙碌而抽不出足够的时间和学生进行一对一的交流，但是无论如何，老师们都是我们心中的好老师，而任老师更是学生们心目中的优秀班主任，和蔼可亲永远乐呵呵的好兄长。

如果你喜欢学生，再枯燥的课也能讲得好。
教书育人，育人为首。
学生不应仅仅是学会学习，更要学会生活。
见证学生的成长，很有幸福感。
一个人的快乐并不是真正的快乐，要与家人分享，与朋友分享。
能够给家人创造快乐、给朋友带来快乐，其乐无穷。

——任家华

长风破浪会有时
——自强奋进篇

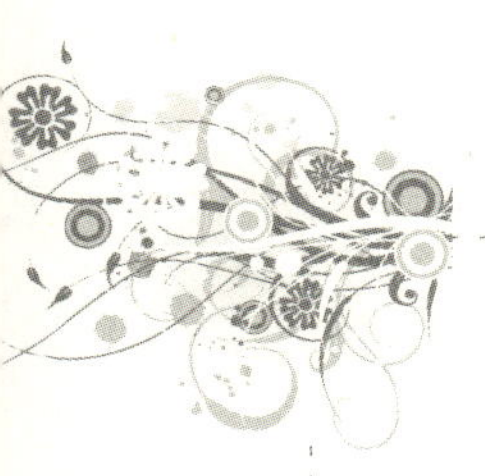

生活，并非对于每一个人都是风平浪静的。

成功也许可以预见，但在通往成功的道路上，却可能有太多无法预知的困难。

但风雨兼程未必是坏事，艰难险阻也许是人生的一笔财富。

正如俄国物理学家列别捷夫所说：『平静的湖面，练不出彪悍的水手；安逸的环境，造不出时代的伟人。』

不管前方的道路有多艰辛，只要勇往直前，自强奋进，便无愧于火热的青春。

『长风破浪会有时，直挂云帆济沧海』。成功，就在勇者的脚下。

导读：

读本科期间，他没向家里要过哪怕是一分钱，通过勤工俭学的收入和奖学金支付学费并支撑起生活。

在学习和科研上，他以执着创造了令人刮目相看的成绩。

为人之道，他用热情和奉献赢得了认可。

脚踏实地，自强不息，他一定会拥有更精彩的明天。

坚强赢得精彩　实干迎接明天

——记“2009年度中国大学生自强之星”鲍福光

文/艾　岩

鲍福光，浙江工商大学计算机与信息工程学院2011级研究生。从小学到高中连续12年被评为学习积极分子、三好学生、优秀学生干部，多次获得“优秀团员”“学习标兵”“爱心大使”“道德标兵”等荣誉称号。本科期间共获得国家级（国际级）奖项和荣誉12项，获省级、校级奖项及荣誉20余项，院级荣誉若干项。2010年被共青团中央、全国学联授予“2009年度中国大学生自强之星”荣誉称号。2011年被评为浙江省第二届“十佳大学生”，入围“2010中国大学生年度人物”评选。

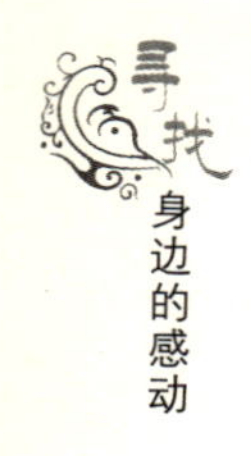

成长之路　用爱铸就坚强

1994 年，年仅 8 岁的鲍福光，便永远失去了父亲，从此开始了与母亲相依为命的生活。2004 年，原本右耳失聪的母亲又患上青光眼，导致左眼失明。2005 年，拼命工作的母亲，因劳累过度，双手被机器轧伤成残疾……命运一次又一次地考验着这个纤弱的孩子，但他一次又一次顽强地与命运抗争，因为他明白，在这条荆棘密布的成长之路上，他只能坚强面对。母亲残疾后，家里仅有的收入来自年迈的爷爷。为了增加家庭的收入，他常利用课余时间帮助爷爷一起扫大街。“穷人的孩子早当家”，他用自己纤弱的身体和坚强的意志撑起了整个家庭。在亲戚朋友和社会人士的资助下，他完成了从小学到高中的学习。他深知他得到了母亲和社会人士太多的关爱，只有努力成长，把自己锻炼成才，才能回报他们，回报社会对他的爱。2003 年中考时，他以全校第二名的优异成绩考取了余姚市最好的中学。

2005 年夏天，母亲生病住院，那一段日子他时刻陪伴在母亲身边。望着母亲憔悴的脸，他暗暗发誓：“大学生活，决不用家里一分钱。”2007 年暑假，他做家教赚了 3000 多元钱，加上好心人的资助，支付了大学第一年的学费。进入大学后，他勤俭节约，自强自立，通过自己勤工助学的收入和每年的奖学金支撑生活费和学费。天道酬勤，四年下来，他累计获奖学金、勤工助学工资共 6 万余元。在勤工俭学时，他态度认真，工作效率高，将学院图书室管理得井井有条。没有任务时，他就在图书室自学计算机方面的知识，从对电脑一窍不通到后来可以运用自如。他在工作上的表现得到了上至院长、书记，下至学院老师的一致肯定。

学习之途　成功源于坚持

来自农村的鲍福光，学习基础相对较差。刚进入大学时，他的基础成绩排在专业最后一位，但他不甘人后、争分夺秒、努力奋进。四年来，他从专业倒数第一跃居专业前列。其中 2008—2009 年度第一学期班级排名第一、第二学期班级排名第三，同时该学年 16 门必修课中有 10 门优秀、6 门良好，这对于工科

学生来说是相当不容易的；2009—2010 学年专业排名第一，该学年 10 门必修课中有 5 门优秀、5 门良好，同时该学年的综合素质测评也位列专业第一。2009 年获得国家励志奖学金，2010 年获得国家奖学金。

成绩的取得当然不可能一帆风顺。百折不挠的他，坚信含泪播种的人一定能含笑收获。基础相对较差的他，也只有通过付出比常人更多的努力和汗水，才能实现自己的目标。他起早贪黑，即使是周末也很少有空闲的时候。有时，寝室熄灯了，他却还在楼道口看书。期末复习期间，他仍坚持勤工助学，由于学习时间紧张，他经常在去吃饭或去送文件的路上，边走路，边看书复习。有一次，他第二天有课程考试，在努力复习的他，临时接到老师一项紧急任务，他毫不犹豫地答应并出色地完成了任务，这时已经是下午 3 点多了，恰巧此时又有同学来问问题，他又耐心地解答了同学的疑问。为了工作，为了同学，这些他都没有拒绝。为了完成自己预订的计划，他只能在同学们睡觉后，在厕所里看书复习……正是由于这种不松懈、不气馁、不放弃的执着品质，才使他收获了累累硕果。

科研之路　执着创造成绩

鲍福光同学并不满足于对课堂知识的学习和掌握，为了拓宽自己的学术视野，在刻苦学习的同时，他积极参加各项学术科技活动。他孜孜不倦地查阅文献资料，采集分析数据，请教不同专业的老师，学习项目所涉及的专业外的相关知识，总结归纳对自己研究有帮助的材料。同时他把大量时间花在实验室，做实践性的分析与验证，不断改进，使得实验的结果更具有可行性和社会价值。辛勤的付出换来了丰硕的成果。他在各类学科竞赛中多次获奖，其中包括“高教社杯”全国大学生数学建模竞赛一等奖，美国（国际）MCM/ICM 银奖，浙江省“通创杯”物流大赛二等奖等。他的论文《动态自适应混合智能算法在 VRP 问题中的应用》和《基于多种方法的共同配送成本分配模型研究》分别参加第八届、第九届中国物流学术年会论文征集并获奖；他主持的《基于 3PL 物流服务水平的供应链协调和定价机制研究》项目获得浙江省大学生科技创新活动计划资助（新苗人才）和校级重点立项，他参与的《VRP 问题的启发式算法研究》项目获评校级创新项目。2009 年 11 月，他应邀参加在厦门举行的第八届中国物流学术年会，并成为中国物流学会会员，这对一个在校本科生来说是很难得的。他的英文论文《TPL Service Level and Pricing Models in Manufacturer-Retailer

Supply Chains》被第四届电子商务与电子政务管理国际会议(ICMeCG2010)录用,并应邀出席在成都举行的会议。

为人之道　奉献赢得认可

热情不仅仅体现在学习上,还体现在日常工作中。大一时,鲍福光虽不是班干部,但是积极协助班干部进行班级学风建设,同时被推选为2007—2008学年"学风建设积极分子",不是班干部却被推选为"学风建设积极分子"是很罕见的。大二时他担任班级学习委员,积极收集各类考证、考研材料供同学使用,努力组织整理学习资料供同学分享,在班级学风建设上起到了良好的推进作用。他常常与同学探讨学习问题,并热情帮助有困难的同学,追求共同进步。有一次,在他要去吃午饭的时候,有一同学打电话向他求教,他冒雨前往图书馆帮助解答,并耐心地讲解了近两个小时,之后他只能买个粽子充饥。2008—2009学年他再一次以高票当选为"学风建设积极分子"。

2009年,他凭借踏实的工作态度和出色的工作能力被选为班级团支书。担任团支书期间,他带领团支部全体成员,团结进取,共同努力。2009年他们组织的团日活动获得学院一等奖。从2009—2010年,在他担任班干部的四个学期里,他所在的物流0702班无一例外地被评为学校优良学风班;2010年10月,物流0702班又以高分获得学校2009—2010学年"学风特优班"的荣誉称号。此外,大学四年他一直担任寝室长,朴素的生活作风、热情细致的工作态度,赢得了室友的认可。当室友手臂受伤时,他给予无微不至的照顾,帮忙买饭、洗衣服,毫无怨言;遇到室友请教问题,他不厌其烦地一遍一遍解答,直到同学完全弄明白为止。正是由于良好的寝室氛围,融洽的寝室关系,他所在的寝室一直保持A级寝室称号。

未来之旅　实干迎接明天

有人说,大学是一张彩纸,绚烂多姿;而鲍福光却说,大学是一张白纸,等着他努力涂上属于自己的美丽色彩。大学四年,美好而又短暂。在这期间,凭着

坚持不懈的精神和持之以恒的努力，他在生活、学习、科研、工作等各方面取得了优异的成绩。2010 年 10 月，经过学校、学院多次激烈的筛选评比，他凭借在学习、科研、工作上的良好表现脱颖而出，获得了浙江工商大学推荐免试攻读学术型硕士研究生的资格，这资格来之不易，全校仅有 30 个名额。对于鲍福光本人而言，这意味着他能在自己喜欢的领域里继续深造，以后的路将走得更远。

目前，鲍福光已是浙江工商大学的一名硕士研究生。对于未来，他充满信心，他相信通过一步一个脚印的扎实努力，一定会迎来美好的明天。在接下来的日子里，他将继续努力，深入学习专业知识，努力积累实践经验，不断提升综合素养，为成为一名优秀的复合型人才而努力奋斗。

人生在世，生活的价值莫过于追寻自己的梦想并帮助他人实现愿望。当我们梦想成真时，要心存感恩，因为正是他人的帮助才有这样的收获。而我们在给予时，更要真诚友善。一定不能自满、自傲、自私，否则做任何事情，我们都难以成功。要学会变得无私，充满爱心，也不自大自满，这样会发现在自己的背后，有一股强大的力量，使我们总能够在人生道路上找到正确的方向，向前迈进。

——鲍福光

导读：

人生的道路很长，关键是认清自己的方向。经济学方向的学术研究，这就是叶志鹏选择的人生道路。

认准方向，努力追求，持之以恒，最终可以收获成功，叶志鹏的故事向我们演绎了这个道理。

冉冉升起的学术新星

——“2011中国大学生年度人物”候选人叶志鹏访谈

文/毛雪逸

2012年4月，由中央宣传部、教育部、共青团中央、人民日报社共同指导，人民网、大学生杂志社联合主办的“2011中国大学生年度人物”评选活动产生200名入围候选人，浙江工商大学经济学院0802班的叶志鹏同学即在此之列。

叶志鹏，这是一名普通的大四学生。和许多人一样，他会在清晨的墨湖畔朗诵英文范文，会在日暮下的图书馆内温习着当日的功课。

他是一名特别的大四学生。他是浙江工商大学西湖学社的社长，也是墨湖经济研究社一位活跃的研究员。在第十二届“挑战杯”全国学术科技作品竞赛中，他与宋梦颖、金晨皓同学合作完成的《基于GDP的最低工资标准测算模型实证研究》斩获特等奖。在学术上，他表现出敏锐的观察力和良好的学术素养，相继在《经济学消息报》《北京科技大学学报》(社会科学版)、《浙江工商大学报》等报纸杂志上发表了30余篇经济文章。其许多作品还发表在《铅笔经济研究社》上，作品也经常被“凤凰网”“中新网”“中财网”“中广网”“中国网”“网易”“搜

狐”等知名媒体转载引用。如今，他已是《品之道》杂志经济学板块的专栏作家、“21 世纪网”读者专栏的作者。“学术狂人、学术牛人”，经济学院的同学们如此形容他。

与生活对话

“我从不觉得我所取得的成果值得别人以崇敬或是艳羡的眼光来看待，每个人都是独一无二的个体，每个人都会在自己的方向上获得属于自己的成功。”当被提及所获荣誉时，他这样说道。

作为“学术牛人”，学术自然是他生活中不可或缺的东西。浏览各大高校网站、学术论坛、新闻媒体以及经济学名家博客，是他每天打开电脑的首要任务。他总是能抽出时间，将每天更新的学术信息装到自己的脑子里，“和大师们、经济学界的最新思想接轨”，这是他所追求的。

当被提及生活与学术关系的时候，他这样告诉我们：“学术是我生活中的重要组成部分，但并非是全部。”在学术研究之余，他会拉上几个好友漫步钱塘江畔散心畅聊；或是在宁静的夜晚，约上几个好友，在一个小饭馆里，聊聊彼此的近况。他也有自己所喜爱的课余生活作为小调剂，一首真挚的歌曲往往能令他哼唱至睡去，运动场上也经常出现他的飒爽英姿，打完球，夜晚时的寝室或许又是他的吉他专场。

“既有对学术的执着，又有丰富的课余兴趣爱好，不失生活的情趣”，——这是身边的人对他的评价。他与生活对话，以自己的努力向世人诠释着对生活的态度——“优秀是一种习惯”。

与学术对话

“大一时我从未想到自己最终会走上学术这条路，但是现在，我绝不后悔当初选择的这条路。”

2009 年 11 月 13 日，一篇题为《山西收购民营煤矿有历史倒车之嫌》的文章刊登在经济学界权威理论性刊物《经济学消息报》的头版，而文章的作者恰为当

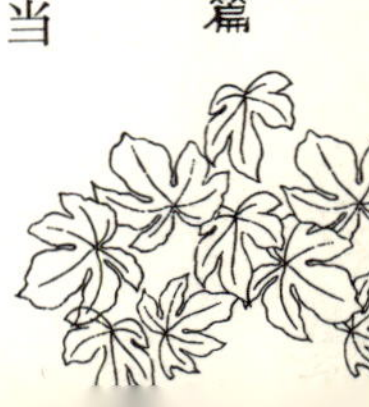

时只有 19 岁的叶志鹏。

曾指导过叶志鹏多篇论文的经济学院周小梅教授回忆当时的情景时,仍为自己的得意门生感到骄傲。谈及她对叶志鹏的认识,周老师眼神中透露出的满是欣赏与自豪:“叶志鹏读大一的时候,我并未对叶志鹏作为负责人的课题小组寄予太大的期望,认为大一学生最多只是体会一下做科研的过程。当叶志鹏将调研报告的初稿交到我手上的时候,我的第一反应是:不能低估这名刚读完大一的学生! 经过几次修改,该课题最终获得竞赛‘二等奖’的好成绩。在上课期间,叶志鹏也会经常带着问题和我讨论。看得出来,他读书非常多,而且善于思考。”

大一下学期,叶志鹏开始第一次尝试参与学术科技作品竞赛,在经济学院首届“经济杯”学术科技竞赛中便拿到二等奖,是学院最年轻的二等奖获得者。三年来,叶志鹏共主持并参与 4 支学术科技竞赛队伍,在第十届“希望杯”竞赛中,他所参与的三项课题获得了特等奖和一、二等奖。

然而,学术研究的路途并不总是一帆风顺。比如,在耗费精力最多的《构建我国食品安全管理长效机制》课题研究中,叶志鹏和他的队友花了一年半的时间进行调研、文章修改、专家的意见咨询,在炎热的暑假,他们背着沉重的行囊、带着一打打的问卷奔波于企业、超市、农贸市场之间,他们必须以精准而详实的调研数据来支撑他们的理论基础。然而结局实在令队员们感到沮丧:课题最终和省赛擦肩而过。“其实当时我并不感到非常难受,毕竟‘挑战杯’需要的不仅仅是学理性强的课题,更是应用性强的课题。我最大的遗憾只是觉得对自己的队员有所歉疚。”

为了学术,叶志鹏博览群书。在大一寒暑假期间,叶志鹏便在家中看起了经济学史上的许多名著,他对奥地利学派经济学、新制度经济学、演化经济学、公共选择理论、跨学科理论以及货币金融理论都有浓厚的兴趣。读书之余,他还不忘认真地做读书笔记,有时还撰写书评。当然,在遇到问题时,他总会不厌其烦地向老师请教。

与经济学者对话

“我并不是任何一个经济学派的狂热追随者与信徒,我喜欢学术争论,我更喜欢与来自世界各地的青年才俊进行广泛交流。”

2009 年 12 月 12 日，由浙江工商大学经济学院学生自发组织的学术研究团体——浙江工商大学西湖学社正式成立。作为西湖学社社长，叶志鹏向笔者聊起了学社间社员的相识与合作研究的历程。“学社社员都是来自各地的优秀学子，我们志趣相投，彼此进行着密切的学术探讨与交流，而学社的成立则提供了一个很好的交流与学习平台。”

2010 年 4 月，叶志鹏创立了他的个人网站“真实世界的经济学”，开始集中发表自己的经济散文与经济评论。他以“跨学科研究”“经济评天下”“学术争鸣”“纵横捭阖宏观世界”等诸多模块，与经济学爱好者们分享他的学术观点与学术资源，大量丰富有趣又不失学术思考性的文章吸引了很多人的关注，至今点击量已经超过 4 万人次。对于网友的评论，他也会认真而又诚恳地作答。一位网友在文中质疑道，“大多数优秀的自然科学家与社会科学家到了学术生涯的最后都皈依宗教，皈依上帝”，他谦虚地答复：“这确实是个问题，谢谢你的提醒。爱因斯坦与斯密是否信教我未作考证，是转引其他学者的说法，待我考证后作订正。”个人学术网站的创立，不仅有利于向外传播自己的学术观点，更是为许多经济学爱好者提供了学术交流平台，而这正是叶志鹏创办学术网站的初衷。

随着越来越多学术成果的问世，以及学社影响力的逐渐提高，叶志鹏在学术圈内开始小有名气。2011 年 8 月，他受邀参加中国人民大学公共政策研究院夏令营，与韦森、毛寿龙、冯兴元等国内各领域专家学者进行学习交流。全国共有 8 名本科生参加此次学术研讨会，而叶志鹏正是其中一名。此外，他还受邀参加 2012 昆山“市场经济与企业家精神”学术夏令营，获得与戴维·弗里德曼、马克·史库森等国际知名经济学者亲密交流的机会。

后记：与未来对话

2011 年 10 月，叶志鹏被推荐免试攻读浙江工商大学产业经济学硕士研究生，采访当日，他因在教工路校区协助导师进行课题研究而未能赶到下沙，笔者通过电话的方式采访到他。对于他而言，研究生的生活仍是异常地忙碌。研究生阶段不仅仅意味着更高的研究水平，也意味着更加广泛的知识积累，所以，他要以更大的努力，来提升自己的学术水平。

采访的最后，我们谈及了一个话题——人生的抉择，叶志鹏说道：“人的精

力是有限的，所以我们必须在青春的旅途中选择一个自己的方向，而一旦选定了方向，就要向着未来，向着这个方向坚定地走下去。”

采访结束，笔者合上笔记本，抬起头来望着天空，在浩瀚渺远的夜空中，一颗明亮的学术新星正在冉冉升起。

（原载于《浙江工商大学报》653 期）

回顾过去的四年，用“时光如梭”“转瞬即逝”等词汇来描述当下的心境，是再恰当不过的了。但要问我是否留有遗憾？我想借用韩寒的一句话，“若要让我回到过去再一次进行选择，我仍然会使它 yesterday once more”。这是因为，我有着一个能支撑起我梦想的理由，那就是对兴趣的不懈追求。大学的包容与精神，恰在于价值观的多元化与追逐梦想的激情，而这正是百年商大留给我们最为宝贵的精神财富。

——叶志鹏

导读：

穷且益坚，他身负家庭的期望，他要用知识改变命运。

在学习上，他始终怀有一种“钻”的精神，像可以穿石的水滴一样。

他乐于助人，因为他记得别人给过他帮助。

他没有轰轰烈烈的事迹，但他是一个成功的人，因为：战胜自我、勇于担当、对社会有用，这本身就是一种成功。

从当初的芽到成功的花

——“中国大学生自强之星”提名奖获得者王斌达的奋斗之路

文/树 啡

有这样一名“90后”学生党员，他虽历经生活的磨难，却始终怀揣理想，努力拼搏，战胜了一个个困难。他就是王斌达，浙江工商大学计算机与信息工程学院的一名普通学生，也是物流0901班的班长。

他曾获得第三届全国大学生电子商务“创新、创意及创业”挑战赛二等奖、第十次中国物流学术年会优秀论文奖、浙江省第十二届“挑战杯”大学生课外学术科技作品竞赛二等奖等诸多奖项。求学路上多次被评为“学习积极分子”“三好学生”“校优秀学生干部”，此外还曾获得“院十佳优秀班长”“校优秀团员”“优秀干事”“校级暑期社会实践先进个人”等荣誉称号。2012年4月26日，由共青团中央、全国学联主办，《中国青年报》和高校传媒联盟承办的2011年度寻访“中国大学生自强之星”活动揭晓，王斌达同学荣获“中国大学生自强之星”提名奖。然而，荣誉背后，是他一路走来的风雨兼程。

穷且益坚　不坠青云之志

王斌达来自宁波市鄞州区的一个农村，父母都是普通的农民。在他小学三年级的时候，父亲得了乙肝卧病在床，母亲一人种田并照顾父亲和他，姐姐无奈只得去酒店打工，维持家用。一年后，母亲累倒了，得了胆结石，不得不住院动手术，这两年来的医药费几乎花完了家里的所有积蓄。

虽然家境很艰难，父母坚持让他继续上学，期待着他用知识改变命运。不幸的是，在他五年级的时候，家中承包的两亩田被国家征用。对以种田为生的农民来说，没了田就意味着没了饭碗，父亲只能去村里扫地。当时很多人遇见王斌达，都会对他冷嘲热讽，但他从没有为此感到抬不起头。上了初中后，他因没有钱，借同学的辅导书复习，经常挑灯夜读至深夜 11 点。天道酬勤，自初二开始，他每次期末考都名列班级前三，每学期都被评为三好学生。不幸的是，中考时他发挥严重失常，但父亲悄悄向亲戚朋友借了一万六千元钱，让他上了区重点中学。当父亲告诉他真相时，他感动得抱着父亲哭了，并暗下决心：将来一定要考上名校，报答父母。

然而，祸不单行，刚上高中没多久，厄运再次降临到了王斌达头上。母亲被检查出了慢性肾炎、尿路感染和高血压，每月需要支付将近 2000 元的医药费，如果不予治疗就可能恶化成尿毒症，原本捉襟见肘的家在母亲患病后更加贫困了。在坚持还是放弃学业这个问题上，王斌达徘徊不定，但母亲的一句话给了他继续学业的勇气和决心：“就算家里再穷，也不能连累你的学习。你只有学习好了，才能拯救我们这个家”。于是，王斌达抱着“穷且益坚，不坠青云之志”的信念拼命学习，早上 5 点起床晚上 12 点才睡，中午困了就趴在课桌上睡一会，尽量多挤一些时间学习。高二第一学期的期末考，他考了全校第三名，让许多同学和老师刮目相看。不仅如此，他还被选为学校学生会的副主席。

2009 年，他考进了浙江工商大学，通过鄞州区慈善总会对于优秀大学生的助学奖励，顺利地开始了象牙塔的生活。在大学里，他丝毫不敢放松学习。他还参加了勤工助学，在生活上尽量减少家庭的负担。寒暑假，他都会坚持去做家教，并把攒下的钱给父母买药和生活物品。

学海无涯　滴水可以穿石

“书山有路勤为径，学海无涯苦作舟”，王斌达深知勤奋努力和持之以恒是学习进步的保证。来自农村的他，知识基础相对较差，但他有股“钻”的劲儿。在基础学习和专业学习做好的同时，他还非常注重培养自己的科研能力。平日里，他充分利用网络、书籍等各类资源充实自己，并广泛搜集资料进行深入的思考。平时，他会向学院知名的教授请教问题，但教授平时比较忙，他就利用吃饭的时间“厚着脸皮”跟教授共进午餐，或者在教授等校车的间隙跟教授交流；有时候，他会在图书馆查阅相关论文资料入神，到闭馆才迫不得已离开；偶尔，他在教室学习到太晚，回到寝室发现寝室大门已关，他只好苦求宿管阿姨帮他开门，次数多了，阿姨记住了他的手机号码，方便叫他回寝室休息；在烈日炎炎的八月的一天，他独自一人奔走于杭州庆春路，向路人发放了将近100份的调查问卷，当他回校后，已经晚上10点，他中暑了。就是凭着这样的执着，他的学习成绩一直名列前茅，连续三次获得校级优秀学生综合奖学金二等奖和国家励志奖学金，并被评为“校三好学生”。

他还积极参加各项学术科技活动并在各类学科竞赛中多次获奖，其中，国家级2项，省级3项，校级6项。他主持的《潮影文化创意有限责任公司》在第三届全国大学生电子商务“创新、创意及创业”挑战赛和浙江省第六届电子商务大赛中均荣获二等奖；他在浙江省第十二届“挑战杯”大学生课外学术科技作品竞赛上摘取二等奖；他写的论文《军事物流外包的影响因素研究》已经在核心期刊《江苏商论》发表，并在中国物流学术年会中获得优秀论文奖；他主持的《民间艺术文化的电子商务平台研究》项目获批校级重点项目。此外，他还从学校众多优秀学子中脱颖而出，成为中国物流发展专项基金“宝供物流奖学金”获得者，全国仅有66名来自33所高校的学子获此殊荣。

自强不息　君子厚德载物

除了注重学习与学术科技活动外，王斌达也注意多方面锻炼自己。他担任班长一职已有两年半，但他一直保持着一如既往的工作热情，全心全意为同学服务，并不断改进工作方法，提高工作质量。他所在的班级，平均学习成绩每年

年级第一，五次被评为学风优良班，还曾被评为军训先进连、校先进团支部，两次获院团日活动二等奖。在学院，他担任过学生科技指导中心项目部部长以及学生会主席助理，对于这两份工作他总是尽心尽责，精益求精。有一次，他要收齐校级创新项目结题书的材料，由于大四的学生大部分在外实习而把电话号码改了，他只能一个个打听，足足花了五个小时才把所有的组长联系到。

南怀瑾说："有气度有见识的人，他虽然从艰苦困难中成长，反而更具有同情心和慷慨好义的胸襟怀抱。因为他懂得人生，知道世情的甘苦。"王斌达正是这样一个人，他乐于助人，积极参加青年志愿者活动和公益活动。他一直认为做事必先做人，做人就要永怀感恩之心，感恩社会、亲人和曾经帮助过他的每一个人。每一学期末，他都会分别给宁波市鄞州区慈善总会和资助他的培罗成董事长写感谢信。为给社会做一点力所能及的贡献，他做过西湖烟花大会的志愿者，参加过进农民工子弟学校关爱儿童的活动，他进社区帮助孤残老人，志愿服务杭州市总工会"春风行动"大型招聘会，参加"变废为宝，智慧创造"的公益活动为"西南赈灾"募捐。他认为：志愿者活动是青年人回报社会的一种方式，做好身边点点滴滴的小事，"勿以善小而不为"，就能实现自身的价值，走向成功。

什么是成功，每个人有不同的定义。轰轰烈烈成就一番大事业固然是成功，自强不息、勇于担当、做一个对社会有用的人也是一种成功。冰心说："成功的花，人们只惊羡她现时的明艳！然而当初她的芽儿，浸透了奋斗的泪泉，洒遍了牺牲的血雨。"成功的道路上铺满荆棘，但只要怀揣理想，不懈努力，就会有所收获，这一点王斌达做到了，相信今后他会做得更好。

（原载于《浙江工商大学报》648 期）

其实，我只是一个平凡的人，一个在逆境中摸索前进、追求梦想的人。我不认为家庭贫困的环境阻碍了我的成长，相反，它使我更加懂得珍惜亲情，学会独立自主，明白要靠自己的双手去改变命运。我经常这样激励自己：不经一番寒彻骨，怎得梅花扑鼻香。不过，未来的路还很遥远，但纵使它蜿蜒曲折或荆棘林立，我会一直努力保持乐观的心态，锲而不舍，希望在某个明天，"野百合会有他的春天"。

——王斌达

导读：

来自大山深处/向往山外的世界/大学的门向他打开/他却为高昂的学费打了心结

挖药筹学费，泪敲大学门/他的事迹打动了师生的心/一个共同的愿望埋在大家心里/一定要帮他完成学业

他来了，来到浙江工商大学/热情与关爱向他汇聚/他富有爱心，虽然贫穷/却把一千元捐给更需帮助的同学

勤工俭学，热心公益/乐于助人，心存感激/学习刻苦，回报社会/他勇往直前，自强不息

感恩的心

——杭州商学院学生何涛的漫漫求学路

文/张　东

人物介绍：

何　涛：浙江工商大学杭州商学院2010级学生。命运对何涛很苛刻，他自幼历经贫穷坎坷，7岁失去母亲，相依为命的父亲因身体羸弱，加上口吃，不能外出打工，守着一亩三分地，全家一年收入不到2000元。

海　蓝：化名。来自山东的浙江工商大学2011级学生。妈妈、姥姐和她，三个女人撑起了一个家。

学　生：这是一群阳光青年，来自浙江工商大学的新生接待志愿者。

张建国：时任浙江工商大学杭州商学院党委书记，现为浙江工商大学党委

宣传部部长。

故事缘起：

临安，海拔400多米的湍口镇童家村，举目望去，满眼皆是大山，一座建于1976年的老屋隐在大山深处，很不显眼。两层昏暗的旧房，门外斑驳破旧、门内破烂不堪，何涛和父亲正在整理挖来的草药。但他却从未因为困境灰心消沉，屋内墙上贴满了"三好学生""优秀团员""学习积极分子"的奖状，这是对他刻苦学习的最好证明。为了减轻家庭重担，何涛喂猪、插秧、割稻，什么活都干。2010年高考，何涛以509分的成绩，被浙江工商大学杭州商学院录取。但对于他们一家来说，却喜中有忧，16 000元学费对家徒四壁的何家来说，无异于天文数字。面对这条改变命运的希望之路，何涛却高兴不起来，他为学费发愁，不忍心让原本困难的家庭再为他求学的费用背上更沉重的负担。

剧情发展：

第一幕：2010年9月1日，是浙江工商大学2010级新生报到的日子。

4:00a.m. 今天是何涛到大学报到的日子，清晨4点多他就起床开始准备。终于可以上大学了！

8:00a.m. 浙江工商大学下沙校区，时而狂风大雨，时而艳阳高照。但善变的天气挡不住志愿者们喜悦的心情。今天，学校正开门迎接2010级新生，吸引新生力量加入自己的队伍。

1:30p.m. "何涛来了，何涛来了，赶紧上前迎接。"浙江工商大学迎接新生的现场，一个其貌不扬的男生向着杭州商学院的接待站走来，志愿者和在场的辅导员立即迎上前去。"从报纸上读了你的故事，我们被你感动，为你骄傲。欢迎你加入新集体，与大家一起奋斗。"同学们带着真诚的热情，拉着何涛走向报名地点，并帮他把东西搬到宿舍，帮他整理好物品，让这名新同学在入学的第一天就感受到了集体的温暖。

第二幕：8月31日，新生报到前一天，杭州商学院办公室。

9:30a.m. 看到媒体报道寒门学子何涛"挖药筹学费　泪敲大学门"的故事，得知主人公是一名即将入读自己所在学院的学生，却正为入学的学费发愁，张建国书记立即与学院的其他领导取得了联系，做出了为自强不息的何涛开启绿色通道的决定，并安排学生工作办公室的老师及所在班的辅导员为何涛购置了基本生活用品和学习用品。

10:00a.m. 一切准备就绪，张建国书记拨通了何涛档案里留下的电话。

因为高考报名时何涛的家里还没有人用手机，家里也没有电话，所以这个

电话号码是何涛叔叔家里的。“明天就是开学的日子了，希望明天的新生报到现场能够看到何涛同学。”在电话里，张建国书记表达了对何涛入读杭州商学院的欢迎和热切希望，表示学院会切实为何涛解决经济困难带来的问题，并请何涛的叔叔一定将学院的意愿转告何涛。事后跟何涛谈论起此事，何诗说：“张老师真的是一个很善良很热情的人，让我从心里感到温暖。”

第三幕：浙江工商大学食堂，何涛专心致志地为前来就餐的同学服务。

11:30a.m. 进校后没多久，通过学校的勤工助学岗位招聘，何诗找到了工作，到学校的食堂上岗了。在食堂上班，要面对自己的老师同学，有的同学会觉得面子上过不去。但是何涛愉快地选择了前台服务的任务。在从小就做家务，喂猪、插秧、割稻什么活都干的何涛看来，这样一份活，不用受天气干扰，风吹不着雨淋不着，条件已经很好了。所以，他的脸上，永远挂着笑容。法学专业的学生徐金波说：“看到他热情地向我打招呼，热情地为我盛汤，彻底感染了我，食堂的免费汤也更可口了。”

第四幕：浙江工商大学图书馆自习室内。

10:30p.m. 时间过得好快，跟往常一样，又到了依依不舍和图书馆说再见的时候。何涛揉揉眼睛，开始整理书本，准备离开图书馆自习室。懂事的何涛明白，好心人对他的资助是希望自己能够成才。勤工俭学岗位占据了大量的课余时间，何涛只好像挤海绵里的水一样挤出学习时间。早起、晚睡、扎根图书馆、上课勤记笔记多提问，在学习上，比别人下更多的苦功夫。他相信：付出了努力，总会有收获的一天。

第五幕：浙江工商大学学生处办公室内。

何涛的事情经媒体报道后，众多热心读者纷纷解囊要帮助何涛顺利完成学业。此时，何涛整理好交完学费后剩下的所有资助款，找到校学生处，学生处专门为其设立了专项基金，代何涛保管这笔基金。而他，依然朴实地经营着他的大学生活。一个偶然的机会，何涛从学生处得知校园里有一个叫海蓝的女生，家境很困难，比自己更需要帮助，他顿时萌生了帮助这个同学的想法。

海蓝是个乐观开朗的女孩，当班主任老师电话告诉她有人要资助自己的时候，她忍不住猜测着是什么样的好心人士。“就是没有想到，帮助我的居然是一位学长，而且还是一名经济困难的学长。”海蓝说，“真的很震惊，一种莫名的感动与敬佩；而且，迫不及待地想见到他。”

海蓝初次见何涛是在学校的促成下，学生处的老师安排了他们见面。当何涛把装着1000元的信封递给她时，露出他那双结满伤疤的手，那是何涛小时候

砍柴、切猪草时弄伤留下的伤疤，还有因为刚回家采收过山核桃，沾染上的山核桃外壳的汁液，短时间内无法洗掉，这双手显示着何涛所经历的生活的磨难。海蓝的情绪顿时激动了起来，她的眼睛不知不觉间模糊了，只有学长那句话清晰记得：从受助到助人，我会怀着一颗感恩的心，把帮助有需要的同学变成生活的一部分。

“学长跟我讲大学里老师、同学怎么帮自己，讲自己对大一年级学习生活的理解，讲要好好学习不要浪费时光。”海蓝觉得，这是位很实在的大男生，没有华丽的言辞，却讲得句句在理，很是受启发。

第六幕：场景在这些场所不断变换：杭州图书馆、下沙高教社区、下沙云水苑小区、杭州青少年发展中心。

懂得感恩并尽力回馈，这是何涛信奉的做人准则。带着回馈社会的心愿，他加入到了公共管理学院青年志愿者服务队伍之中。杭州图书馆的书籍需要整理，他和队友们一起前往帮忙整理；下沙高教社区的树木上生了虫子，他和队友们一起动手去捉虫；云水苑社区有自行车电瓶车乱摆放的现象，他们就去进行文明劝导，呼吁居民文明停车，并将凌乱摆放的车子重新摆放整齐；新西兰奥蒂亚青少年交响乐团与杭州青少年交响乐团在杭州青少年发展中心同台献艺，何涛就和队友们一起去做志愿服务……何涛觉得：能帮别人做些什么，心里很快乐。

第七幕：下沙奥特莱斯必胜客餐厅内。

2012 年 4 月的一个普通下午，何涛像往常一样，身着必胜客员工的统一服装，在必胜客餐厅内忙碌着，除了做学校提供的勤工俭学工作外，他还在这里做兼职，靠打零工赚些生活费。据了解，他现在一个月可以赚到 1000 多元钱，维持自己在学习和生活上的花销已经不成问题。何涛说，他平时只要没课就会到必胜客餐厅来打零工，逢周末和节假日打零工的时间更长一些，有时候一天会工作七八个小时。如今他已经在必胜客餐厅做了近一年了。由于工作勤奋踏实，表现出色，他已由最初的普通服务员，被提升为如今的训练员了。据他说，训练员有资格对新服务员进行业务上的培训，工酬也会比普通服务员更高一点。无疑，这是必胜客餐厅的领导和同事对何涛表现的肯定。

尾声：

何涛现所在学院党总支书记朱晓卫及学办各位老师对他一直都很关心，在学习和生活上给何涛很多帮助；何涛也一如既往地努力，这让学院的领导和老师都很欣慰。尽管半工半读，始终自强不息。天道酬勤，如今，何涛已两度获得

校综合奖学金三等奖，也获得了国家助学金。学校对何涛寄予厚望，何涛也在用自己的行动展示着自身的实力，他正走在成长、成才的路上，不会让帮助过他的人失望。当问及他对求学之路的感悟时，他说："每个人都一定要学会自立自强。此外，平时老师们对我都很关心，同学们也很支持我，真的很感谢我的老师和同学，谢谢他们！"

（原载于《浙江工商大学报》652 期）

虽然自小生活是艰难的，但拥有一颗敢于战胜困难的坚定的心更难。命运会无端地给我们制造许多麻烦要我们去解决，解决麻烦的过程就是成长的过程。面对困境，即使再多的抱怨也无济于事，乐观面对才是上策，唯有一步一个脚印的实干才是出路。对于生活，保持乐观才不会忧，遵循简单才不会累，敢于示弱才不会伤，秉承宽容才不会气，懂得珍惜才不会怨，记住感恩才不会愧。生活是个多面体，你愿看到哪一面完全取决于你自己，同时你又可以不断地装饰它、丰富它。

——何　涛

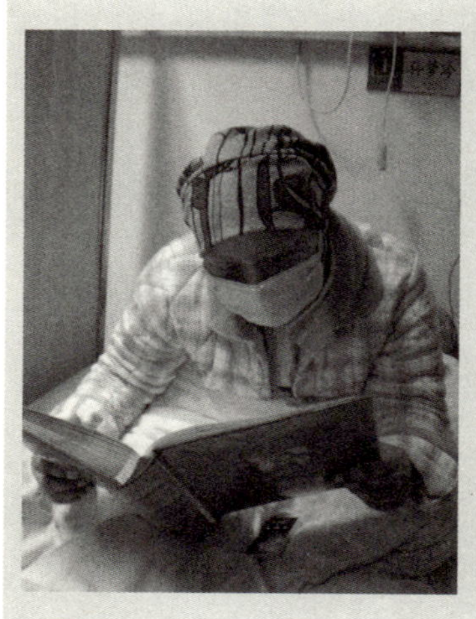

导读：

面临死亡的威胁/她的笑有了特殊的含义

面对可能凋谢的生命之花/爱心向这里汇集

笑对苦难/苦难便不再那么沉重

直面人生/去开启命运新的征程

笑对苦难　直面人生

——走近日语学院学生孙梦玲

文/王　珏

五月的苏州，阳光明媚。走在青石板铺成的小路上，望着掩映在古树间的亭台楼阁，孙梦玲难掩心中的惊喜与兴奋。

“梦玲，你为什么喜欢旅行呢?”好友孙毓问道。

“旅行是我一直以来的愿望。我总觉得只有走过很多的地方，才能提高我的思想和境界。就像这次，不来苏州又怎么能如此真切地感受到苏州的古典之美呢？我还想去内蒙古、青岛、厦门……不知道我是否还能有这样的机会?”孙梦玲说。

“会有的，到时候我们还一起去。”孙毓一边说着，一边拍着好友的肩膀。

这个带着旅行梦想的女孩孙梦玲是浙江工商大学日本语言文化学院的一名学生。与许多大学女生一样，她留着卷卷的长发，说话总习惯性地带着浅浅的微笑，透露出积极、乐观的气息。你一定无法想象，两年前，她与病魔经历了一场惨烈的恶战，她用行动书写着“笑对苦难，直面人生”。

死亡　突来的梦魇

医院的病房里，充斥着消毒药水刺鼻的气味，看着刊登着自己病情的报纸，孙梦玲闭上了眼睛，如果可以，她真希望这只是一场梦。

2009 年 9 月，带着对大学生活的憧憬，孙梦玲来到了浙江工商大学，就读于日语学院。开学才一周，她的健康却出现了问题。刚开始，只是咳嗽，梦玲也没把它当回事，以为自己是在空调房里着了凉。在经过开学体检之后，她才知道自己得了大病，必须离校治疗。“病来如山倒”，这句话一点不假。在回家之后的几天里，孙梦玲的病情迅速恶化，最难受的时候，她甚至无法躺下，晚上只能倚靠着床沿休息。焦急的父母推着只能坐在轮椅上的梦玲辗转于各大医院，在好心人的帮助下，最后终于在南京军区总医院安顿了下来。虽然住在医院的血液科，每天承受着化疗的巨大痛苦，在父母善意的谎言下，梦玲对自己的具体病情仍不知晓，直到有一天，她在报纸上看到有关自己病情的报道才恍然大悟——原来自己得了淋巴癌。

“死亡，离我很近。”在得知自己的病情后，这个想法一直萦绕在孙梦玲的脑海中挥之不去。重症病房里总是格外地安静，气氛压抑得难挨。时常是在深夜，梦玲听见医院里患者家属因亲人离去而痛哭的声音，她总是警觉地问：“外面怎么了?”“没事没事，快点睡觉吧，要好好休息。”每次妈妈都这样慈爱地为女儿遮挡下死亡带来的恐惧。“当时，我很多次想到死亡，但也无法再想下去。既然一切都已经发生了，我只能接受现实来面对自己的人生。也许是求生的本能帮助我挺过了那段艰难的时光。”回忆起得病初期，孙梦玲如是说。

乐观　坚韧的微笑

住院的日子单调而乏味，每天躺在床上等着医生、护士的检查，服食、注射大量的药物似乎成了唯一有意义的事。前后总共五次化疗让孙梦玲精疲力竭，伴随着高烧，她每天都在昏昏沉沉的状态里度过。面对不稳定的病情，很多次她都想过放弃，不想让爸爸、妈妈再为自己操心，直到有一天，她在病房里看到了这样一幕：一位白发苍苍的父亲扶着 30 多岁的因化疗而无法自行走路的儿

子，在病房里缓缓地来回踱步。初见这一幕时，孙梦玲觉得异常的悲凉，转念，她想到了自己的父母，她告诉自己要坚强，爸爸、妈妈需要自己。

梦玲的妈妈是一位非常贤惠的母亲和妻子，自从梦玲得病之后一直在女儿身边照顾。看见女儿因化疗掉发，她为女儿精心挑选了假发；看着女儿因服用激素渐渐发胖的脸，她藏起了镜子，偷偷地在病房外掉泪。每当这时，梦玲总表现得十分豁达，她摆弄着同学给她送来的各种漂亮的帽子，打趣地问妈妈自己戴哪顶帽子最漂亮，对着妈妈乐呵呵地笑。无聊的时候，梦玲喜欢和同学发短信聊天，妈妈却担心她因玩手机而影响了休息，常常限制她玩手机的时间。后来，梦玲又迷上了织围巾，妈妈又常在女儿耳边唠叨要多休息，要顾着身体。在妈妈面前，梦玲总是很乖巧听话，以减轻妈妈照顾自己的辛劳。孙爸爸因早些年得过肝硬化而无法承担过多的体力劳动，但在梦玲得病之后，他挑起了家里的重担。他东西奔走，四处筹钱。在女儿面前，他克制着自己的悲痛，用笑话来逗女儿，言语间无时无刻不透露着对女儿的宠爱。“他是一个非常乐观、开朗的人。”说起爸爸，这是孙梦玲的第一句话，“我的病让他承受了太大的压力，但在我的面前，他总是一副轻松的模样。是爸爸的乐观精神感染了我，支持着我走过最艰难的时光。”

就在孙梦玲做自体移植前夕，孙爸爸因肝硬化恶化而去世。得知噩耗，梦玲和妈妈在病房里抱头痛哭。在撕心裂肺的痛苦之后，梦玲对自己说：“要坚强，要带着爸爸的乐观与坚强好好活下去，不能让妈妈和哥哥再承受亲人离去的痛苦。”

关爱　身边的感动

在梦玲与淋巴癌这场殊死的搏斗中，陪伴在她身边的不仅有她的家人，还有她的“南京妈妈”和同学、老师。关爱，一直萦绕在她身边，未曾离去。

“这是我的孩子，不能让她离开……”“南京妈妈”在得知梦玲的病情后悲痛地说。这位始终不愿公开身份的“南京妈妈”是一家企业的普通员工。2006 年，她开始资助家境贫寒却学习勤奋的孙梦玲完成学业。从那时起，每个学期开学前，她都会资助梦玲 2000 元。在得知梦玲考入浙江工商大学日语专业后，“南京妈妈”非常高兴，她资助梦玲 5000 元作为大一的生活费。2009 年 9 月 22 日，“南京妈妈”惊闻梦玲得了重病，她立即要求孙爸爸带孩子来南京检查，并为梦玲联系医院，展开了生命的救援。为了让孩子活下来，“南京妈妈”拼命筹款，希

望能给梦玲提供更好的医疗环境。每周，她都会带着水果到梦玲的病床前，和梦玲聊天。其实，“南京妈妈”家里的条件也并不优越，带着对孩子的爱与责任，她一直陪在梦玲身边。

2010年4月，浙江工商大学日语学院学生会主席何维标、王佐佐等五人作为学生代表来到南京军区总医院看望孙梦玲，并将筹集到的3万元善款送到梦玲妈妈的手中。早在2009年10月得知孙梦玲被确诊为淋巴癌后，日语学院就发起了“为孙梦玲祈福，大学之路重新起航”的募捐活动。4000多份传单发放到了学校的各个宿舍，校广播台、校报也对该活动进行了大力的宣传。活动主办方分别在行云苑、流水苑、清风苑设置了募捐箱，同学们都慷慨解囊，为给孙梦玲治病尽绵薄之力。

如今，孙梦玲已经回到了大学校园，开始了正常的学习生活。“终于又回到学校了，真好！当时才刚踏入大学校门就不得不离开校园，我心里真是一万个不愿意。生病的时候最想做的事情就是回学校读书，现在终于回来了。我想，一切都会好起来的。真诚地感谢所有曾经帮助过我的人！”回到学校的梦玲畅想着自己的大学生活，并表达着她真诚的谢意。

智者萨特说过：“人的命运就操纵在人的手里。”孙梦玲同学用她的乐观与坚强告诉了我们如何面对生命的苦难，如何操纵自己的命运。破茧重生，她又将踏上新的征程。

（原载于《浙江工商大学报》640期）

希望通过我的经历，能让更多的人获得一种安慰，让他们知道世界上还有另外的人了解他经历的痛苦或者心酸。经历了病痛、怨恨、绝望，只要不放弃，终究都会重新站起来，成为一个让世界因为自己而美好起来的人。命运的坎坷，不必叹息；人生的不平衡，都是历练和成长。越经历磨难，我们就越要感恩那些转瞬即逝的小幸福，为了这些来之不易的幸福精彩地活着。

——孙梦玲

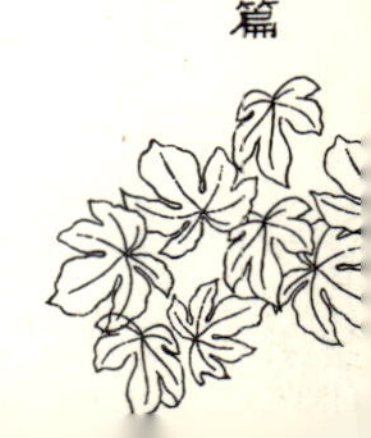

导读：

“莫听穿林打叶声，何妨吟啸且徐行”，她经历过生活的暴风雨，但她仍勇往直前。

“一蓑烟雨任平生”，凭着对生活的积极态度，即使生活再怎么不公平，总有峰回路转的一天。

待到“山头斜照却相迎”的时候，“回首向来萧瑟处”，便是“也无风雨也无晴”。

莫听穿林打叶声

——工商管理学院学生余纯纯侧记

文/王雯琦

她是一个普通的学生，勤勉踏实；但是她的经历又让她显得不那么普通，她所经历的一切使得她展现出了不同于同龄人的坚韧与乐观，她很平凡，却充满了爱心。她就是余纯纯，浙江工商大学工商管理学院工商0803班的学生，中共预备党员。1990年8月出生于浙江省温州市永嘉县一个普通的农民家庭。

勇往直前　自强不息

“幸福的家庭个个相同，不幸的家庭各有各的不幸。”2008年2月，余纯纯的父亲遭遇不幸而离开了人世，突发的家庭变故给了余纯纯当头一棒，“当时，我难以接受惨痛的事实，不能集中精神学习，大脑中不断地浮现出许多画面。对

接下来的生活很迷茫，看不到什么希望。”那段时间她常常彻夜难眠。顶着巨大的压力，余纯纯参加了高考，成绩揭晓后得知总分低于二本线3分，她虽然悲痛，但没有放弃，种种的不幸并没有磨灭她对生命意义的追问与对生活的热爱。2008年9月她就读于浙江工商大学杭州商学院，翻开了人生征程崭新的一页。

新的环境，新的生活，她试着去挑战、改变自己。美丽的城市，充实的校园生活，可爱的同学，一切都是新鲜美好的，她开始慢慢走出阴影。

在家余纯纯是孝顺的女儿，在校她是刻苦努力的学生。已是一名预备党员的她，从不降低对自己学业的要求。她高分通过了大学英语四、六级考试，计算机二级考试。浙江省高等数学竞赛二等奖、浙江工商大学杭州商学院一等奖学金、优秀学生干部、自强勤勉奖等荣誉的授予更是老师与同学们对她工作能力的肯定，同时也是激励她不断进取、朝着理想不断努力的动力之一。虽然经历过家庭的变故和暴风雨的洗礼，她却保持着乐观的心态，因为失去过，所以倍加珍惜现在所拥有的。苦难固然带来痛苦，却也带来了一份馈赠，馈赠的是心志的坚强。为了缓解家庭的经济压力，也为了锻炼自己，她充分利用课余时间做兼职、做家教、发传单、当促销员等。面对艰难，她选择毅然前行，无所畏惧。正如伏尔泰所言，对着困难低头，就无权在胜利面前点头微笑。

守候梦想　力求超越

为了在学业上取得更大的进步，她选择了挑战“2+2”考试。在备考的两个多月的时间里，她努力学习英语和高等数学，每天在图书馆四楼，总能看到她的身影。虽然她经常感到背部酸痛，但她对自己说，这是一个改变命运的机会，一定要坚持走下去。“那段时间，我和陈文文同学，每天8点之前到图书馆，学习一整天，晚上9:30离开图书馆。每天往返于教室、图书馆、食堂、寝室。除了上课时间，都在图书馆学习。我们互相鼓励，当精疲力竭，看不进书时，就趴在桌子上小眯一会儿，或是找其他同学聊聊，打个电话，心情就变好了。”其他同学在玩的时候，余纯纯抵制住偷懒的诱惑，放弃了休息时间，无悔地付出着。作为努力的回报，她通过了“2+2”的选拔，来到了浙江工商大学工商管理学院工商0803班。

在人才济济的大学校园中，她始终信守着这样一句青春箴言：“我不是最好的，但一定要努力做得比昨天的我更好。”然而追求梦想的道路一定不是坦途大

道，而是布满了荆棘。对此，余纯纯说，自己学习上最大的动力来自她的妈妈。纯纯是个非常懂得感恩的人，她提到自己妈妈的时候这样说道："妈妈真的很辛苦。她从小关心我的学习，接送我上各种辅导班，每天给我做好一日三餐。高三的最后三个月，是她一路陪着我，每天接送我上下学，为我做可口的饭菜，为我洗衣。早晨，当我还睡着的时候，她怕打扰我，都是轻轻地走，轻轻地开门、做饭。我现在所做的努力，是为了能让妈妈开心，让她感到些许的欣慰。"提到自己的哥哥，她说："哥哥也是我学习的榜样。他成绩优异，现在是华中科技大学同济医学院附属协和医院的博士生，他申请了'公派研究生联合培养'，顺利的话，将在9月前往美国哈佛大学进行两年学术交流。"生活教会了余纯纯懂得感恩，她很感谢同学对自己的帮助，她说："我可以静下心来认真学习，同学陈文文给了我很大的帮助，那时我们一起在图书馆奋斗，她严格要求自己，每天都会比我早到。当我看书看得疲惫时，她努力认真的状态，时刻感染着我，激励着我。"

成功的人，内心一定会有前进的动力，也会坚守自己的梦想与追求。她说："梦想，始终是我努力的方向，激励着我坚定地走下去。"相信这个坚强而执着的姑娘一定会做得越来越好。

乐于助人　奉献爱心

在余纯纯的学习生活中，为他人和班级奉献是她生活中不可缺少的重要部分，在担任班级生活委员近一年的时间里，她体会到为他人服务而收获幸福的感觉。她细心、负责，怀着一颗感恩的心，努力为班级同学做事情。她参与组织班级的春游、秋游，购买食品、药品，组织班级同学接种风疹疫苗，领取报纸杂志，帮助同学购买书籍，组织同学参与跳蚤市场的活动，设计购买班服，给同学们提供每天的天气预报，在甲流期间为同学购买口罩，时刻关注班级同学的身体状况等。

在生活中，她勤俭节约，关心同学，热心帮助他人，和同学们和睦相处。她还经常利用课余时间主动打扫宿舍的卫生，把宿舍整理得井井有条。她从身边的小事做起，比如学校厕所的水龙头在滴水，她会去关好，对坏掉的水龙头能修好就尽力修好；教室里亮灯而无人，她会去把灯熄掉。这些看似微不足道的小事，她总是认真去做，久之便成了一种习惯。

余纯纯还热心于公益事业，主动参加义务献血、爱心捐款、志愿者服务等活

动，为他人、为社会贡献一份绵薄之力。在班级组织的“流动血，传递爱”的团日活动中，她积极参与，献出了300毫升的血液。

苏轼在《定风波》一词中写道：“莫听穿林打叶声，何妨吟啸且徐行”，对于余纯纯来说，生活的道路并不平坦，等待她的是未知的旅程。但不管怎样风雨兼程，她还是坚持着，凭着坚韧不拔的毅力，带着对梦想的追求，感受着沿途的风景。“莫听穿林打叶声”，不去理会那穿林打叶的雨声，这是一种人生态度，有了这种态度，就能成为生活中的强者，勇敢接受人生旅程中的困难和挑战。

（原载于《浙江工商大学报》650期）

使人成长的东西有很多，可能是工作的挫折，或者一次不长不短却恰好触动你的对话，然而人生在我的眼里总还是美好的。一个积极的人总是有更多的快乐想传播，更多的希冀想表达，更多的愿望想实现。我不知道一个人的爱能走多远，但可以确定的是，有爱的人会更快乐。不只是狭义的爱，是对生活和他人的热情，是一种燃烧和微笑的态度，其中当然也包括，我爱自己。

——余纯纯

导读：

不抛弃，不放弃。

天弃我，我不自弃。

梅军锋的人生路，尽管曲折多舛，但他手中一直握着一种叫做“执着”的东西。

有执着，便有希望。

执着的力量

——记执着前行的学生梅军锋

文/何程成

像大多数大学生一样，他有着年轻人的青涩与热情。

像大多数男孩子一样，他喜欢运动，热爱挑战。

像大多数离家在外的学子一样，谈到家庭，他眼中会流露出淡淡的思念。

他是信息学院的梅军锋。走进图书馆的时候，他脸上带着腼腆的笑容，有些羞涩地和我们打招呼，是普通大学生都有的样子。没错，他不特别，但他却是别人无法复制的唯一，他的故事值得我们说说。

关于家人：我希望他们过得更好

梅军锋父亲的事情我们略有所闻，访谈的时候我们一问他一答，断断续续谈到些当年的事情，在他看来，竟不似别人听到的那般艰难。

人来人往的图书馆大厅，他微微低下头，搜寻记忆中的片段。“我小的时

候，爸爸妈妈会种香菇，后来爸爸生病去世后，哥哥帮妈妈养家，也会种些香菇去卖。”梅军锋一家本来四口人，爸爸、妈妈、哥哥和他。他 13 岁那年，父亲患了肝癌，病情恶化得很快，尽管为了治病花了大量的钱，却也没能留住父亲。

“可能我那个时候太小了，开始还不知道是怎么回事。”梅军锋回忆着。初一父亲去世的时候，他还只是个刚离开小学没多久的孩子，再也无法见到父亲的恐惧让他落泪；另一方面，家里也面临着失去顶梁柱的困境。最初的日子确实不好过，不能让母亲一个人撑着家，于是哥哥初中毕业后就工作了，梅军锋成了家里唯一继续学业的人，压力可想而知。令人欣慰的是，他足够争气，初中毕业时以全校第一的成绩考入丽水市最好的缙云中学，高中时学业同样保持着优秀的成绩，最终成功地获得了大学的通行证。

讲到这里，他脸上的笑容绽开了。一直以来，他的压力旁人不能切身地理解，此刻的轻松想必也不能被完全地领悟，然而，身边的人都知道，他对得起天堂里的父亲，对得起多年来起早贪黑的母亲，对得起为家庭放弃学业的哥哥，对得起只有他回家才能丰富起来的饭菜，对得起一双双鼓励着他、注视着他的眼睛，更对得起年轻的自己。

大学的日子似乎要轻松许多，尽管同样要面临忙碌的课业和工作，甚至还要抽时间安排各种比赛、培训、课题研究，但他有了勤工俭学的机会，通过努力可以拿到奖学金，再加上学校的补贴，他已经完全有能力负担自己的生活，还可以把攒下的钱寄回家里，虽说没有多大的数目，但他能够凭自己的力量让家里过得好些了，一直压在心里的担子也轻了许多。

他稍微顿了顿，又讲到父亲，“我对爸爸的印象已经不是特别深刻了，只记得生病的时候，他突然间就变瘦了，他给了我很多教育，告诉我一定要好好读书。从小到大，哥哥对我都很好，他们春游的时候，哥哥会把发的东西带回来给我吃。妈妈在甘肃种香菇，我放假了有时也会过去帮忙。”梅军锋有些凌乱地回忆着过去的种种，甚至还开玩笑似地讲到甘肃的水土和气候，表情中是淡淡的恬静。眼前这个男孩子，他在用一种难得的平静告诉大家，过去的已经过去，该放下的他早已放下，不该忘的他会永远铭记心底，属于自己和家人的未来，他正在不懈地努力。

“我希望他们过得更好。”最后他这样说。

一句话代表了一切——无论是对家人的愧疚和感激，还是对未来的期望。然而这又不仅仅是期望，更是一个勇敢者的承诺。

关于学业和工作:我是个有责任心的人

2009—2011 年,三年的时间,浙江杭州,这座如水般温柔梦幻的城市,承载着多少年轻人的梦想,见证着多少逐梦者的成功。这其中也包括梅军锋。

从大一到大三,梅军锋完成了从普通大学生到浙江工商大学校社团联合会文案部部长的蜕变,获得了包括“国家励志奖学金”“浙江工商大学综合奖学金”“全国会计信息技能化大赛个人优秀奖”“全国信息技能化大赛团队一等奖”等多个奖项,被授予社团“优秀干事”“学风建设积极分子”“优秀团员”等荣誉,这承续了他从小学到高中连续 12 年被评为学习积极分子、三好学生或优秀学生干部的辉煌。优秀之于他,已经成了一种习惯。

然而,荣誉和嘉奖代表的只能是成功辉煌的一刻,只有梅军锋自己可以完整地体味这一路的酸甜苦辣。

梅军锋在大学学的专业是信息管理与信息系统,这对计算机水平的要求非常高。为了弥补开始时对计算机一窍不通的不足,梅军锋在计算机学习上下足了功夫,利用管理图书室的空闲时间,他找到了相关书籍补习计算机知识。落下的知识补起来不易,没有人看到他背后付出了多少个日日夜夜和辛酸汗水,看到的只是他不断的进步和超越。

2009 年,梅军锋跟着老师做项目,在创新项目《Web 2.0 环境下个性化信息推荐方法探究》中担任项目小组组长。讲起做项目的日子,所有的情景仿佛还历历在目。他坦承,做项目的过程中难免遇到瓶颈,常常熬夜工作,有的时候实在坚持不住了还会产生泄气的念头。但他不能放弃,他比别人多一份责任——他是组长。他当时的一个念头就是不能放弃,自己要坚持,还要鼓励组员。事实证明,坚持换来了他们想要的结果,经过几个月的努力,项目成功结题,梅军锋也交出了见证着付出与成果的论文。

做项目时作为小组长的领导才能,在班级和校社联的工作中得到了更好的发挥。在信息 0901 班里,梅军锋做过团支书,也做过学习委员,职位在变,不变的是梅军锋一颗负责的心。工作时,来自农村的他和城市的孩子相比,丝毫不逊色,甚至还更加地踏实和认真。

大三的时候,梅军锋顺理成章地成为了校社联文案部部长。“我很喜欢文案部的同学们,我们在一起没有部长和干事的隔阂。”抛开了最初的腼腆,谈到

工作，他脸上多了分从容和自信。对于干事的培养，梅军锋有自己的一套方法。该严肃时绝不能马虎，工作之余就和干事们打成一片，大家私下都亲切地叫他"梅梅哥"。访谈中讲到干事们在一次联谊会上的失误，他只是在一旁看着，并没有当场批评，结束后才严厉地向干事们指出了应该改正的地方，并让干事们自己提出应该如何改进。这便是梅军锋作为"领导者"的作风，不是雷厉风行地干涉，更多的是引导。

关于自己：我搭上了"90后"的班车

被问到"觉得自己有什么要突破的地方吗？"梅军锋又恢复了腼腆的笑，"你们也看出来了，我不太擅长和别人沟通。"其实，梅军锋并不是腼腆，也不是不擅长沟通，一个多小时的访谈中，除了开始时有些拘谨，大多数时候，梅军锋有着自己的幽默与睿智。最初的腼腆，或许可以理解成他的质朴和淡然。在他身上，看不到冒冒失失的冲动，看不到矫揉造作的刻意，也看不到过分的热情，只有一种淡淡的沉稳。

放松下来的梅军锋展示了他活泼健谈的一面。他谈自己喜爱的篮球和桌球，累的时候会靠运动来放松；谈欢送会上大家送给他的各式各样的留言；谈小时候看过的动画；自嘲地开玩笑说："我还得要学学怎么和人沟通，你看，我对采访有点怯场。"

他说："你们猜猜我多大？我刚搭上'90后'的班车呢。"这么一说，我们才意识到，正在接受采访的他也不过就是个大孩子，他还在享受着最最火热的青春年华。而作为一名大学生，他已经十分优秀了，过去的日子，无论悲喜，都未在他身上留下过重的痕迹，给他的只是一段宝贵的经验和回忆。

访谈进行到最后，夜幕已悄悄地拉开，初春的杭州在泛青的暮色中多了些寒意。但正在接受采访的这个年轻人，眼睛里却一直流露着温暖的光。他时而腼腆地笑，时而兴致勃勃，眼中满含暖暖的希望，让人忘却了来时的曲折，只想到美好的未来。

"宝剑锋从磨砺出，梅花香自苦寒来。"

每个人都有不同的人生轨迹，梅军锋的人生路，开端或许曲折了一些，但他手中一直握着一种叫做"执着"的东西，从未改变。到目前为止，他还不能称得上是一个传奇，他甚至不够特别，但他的事迹可以代表一部分人——同样在并

不笔直的道路上坚持前行的人，抱着一颗对生活无比虔诚的心，不抱怨，也不泄气。

而这些，已足够值得我们去学习。

> 有一句话很好，“梅花香自苦寒来”，经历过人生的低谷之后，总会慢慢向上走的。对待学习，对待生活，都要心存信念，那是支撑一个人奋斗下去的动力。梦想是一个非常奇妙的东西，你可以有一个很大的梦想，或许在别人眼里，你的梦想会是那么大，那样地遥不可及，但是你要记住，往往越被人嘲笑的梦想，越有实现的价值。
>
> ——梅军锋

导读：

班级活动，精彩纷呈；

班级建设，硕果累累；

班级素质，扎实过硬。

这是团结的力量，这是意气风发的班集体。

We are one

——“学风特优班”金融 0803 的故事

文/徐　巧

“不是 211，不是 985，但我们依然坚信，我们能够创造出属于金融 0803 的精彩未来！”这是在 2010—2011 学年“学风特优班”申报评审大会上的一幕，时间是 2011 年 10 月的某天，当金融 0803 班代表罗婷结束了 5 分钟的精彩演讲时，现场回应她的是雷鸣般的掌声。在这次评审会上，金融 0803 在所有参赛班级中拔得头筹。是什么造就了成功的金融 0803 班？带着这个问题，笔者走进了这个班集体。

班级活动那些事

金融 0803 的成长离不开三年间各种活动中得到的历练。对于每一次的活动，他们都遵循着“一个活动留存一种意义”的理念，真正地让每一个活动服务于他人、回馈于社会。

大一那一年，他们的团日活动名为“烈火雄心，雨水恩情——感恩消防官兵行”。班干部带头，同学们配合，从活动的前期策划到付诸实践，从横幅海报的制作到亲临消防部队，每一个具体的环节，他们付出的都是一个班级的力量。在和消防队队员进一步接触的过程中，他们每一个人都知晓了“每一个岗位都值得付出”的道理。在活动临近结束时，一名来自藏族的同学为消防官兵献上了珍贵的哈达，感激他们在岗位上的坚守与尽职。

大二那一年，他们开展了名为“阳光收书义卖·心系天华小学”的团日活动。在这次活动中，他们忙碌、他们奔波，但同时也快乐着。据了解，收书的工作持续了好几天，金融 0803 男生宿舍楼的走廊可说是被书本挤得水泄不通，他们忙着整理书本的同时却也不忘三三两两拍照留念，收获着奉献的喜悦。紧接着的天华小学走访则在他们每一个人的心中留下深刻的印象，学习条件的恶劣并没有夺去孩子们对学习的热情。正因如此，金融 0803 班的同学向校方争取了给孩子们上一堂课的机会，在课堂上他们通过脑筋急转弯等趣味活动调动着现场的气氛，在活动课上，他们忍不住和孩子们玩起了各种孩童时的游戏，与孩子们共度了一段天真烂漫的时光。在对天华小学的走访中，他们还了解到个别学生存在生活困难、贫困的问题。为此，他们进一步拜访了这些学生的家庭，并献出了自己的绵薄之力。用自己的双手去帮助更多需要帮助的人，是大二的他们共同收获的财富。

大三的他们迎来了母校的百年华诞。为此，他们集体筹划献礼母校，整个班集体来到了吴山广场，拉横幅、送气球，为母校的百年校庆祝福，也邀请路人为母校写下祝福。用他们的话说：“当时，每一个人都为自己是商大人而自豪！”大三的他们，俨然已是自信满满的商大主人。

班级建设那些事

金融 0803 对于班级建设有着自己一套完整的思路和模式。

早在进校第一年，班干部便将当时班上所有同学的生日加在一起除以总人数，从而得出了“班级生日”：每年的 5 月 12 日。因此，每到 5 月 12 日时，金融 0803 便会召开一次集体班会，为班级过上一个丰盛的生日 Party。大学的第一个班级生日，班长要求大家都写下自己大学的目标并将其放在一起，相约毕业那一天一起拆开，与如今的自己做个对照。此外，他们也点起蜡烛排成心形为

汶川祈福；大学第二个班级生日，他们邀请部分学长学姐进行学习经验的交流，他们通过模拟“招聘会”的形式，互相传授着不同的技巧与经验；大学的第三个班级生日，他们一起吃蛋糕，“商大百年，我们三岁。”班长瞿佳莉让大家写下一句自己对朋友说的话，相约毕业那天送给朋友。

班徽与班服也是金融0803的一大特色。“金·3”组合而成的班徽由爱好绘画的柴栋梁制作，风格简约而时尚。班服则是由余鹏迪、沈茜设计，正面配有班徽和墨迹的手掌印，背面则印着班级的口号“we are one”。也许说不上精致与华美，却体现着浓浓的同学情谊、集体情谊。

班级生日、班徽、班服，这一件件深深烙有金融0803痕迹的事儿无不凝结着班干部的力量。辅导员史瑶瑶如是说：“班级良好氛围的建设离不开这些班干部。”作为金融0803的班干部，他们树立了“一切以班级为先”的理念。有学习资源时，做到同学共享；有讲座信息时，第一时间通知下达；有评优评先进时，不忘提醒有资格的同学。正是每一届班干部点点滴滴的付出，才浇灌出了如今金融0803的灿烂景致。

“陶然杯”篮球赛在金融0803班同学看来，是班级建设中的重大成果和突破。从大一时的第四名与前三甲擦肩而过，到大二时惜败于半决赛而止步于季军，到大三的全力以赴问鼎冠军。在这个赛场上，他们从来不向“输”字低头，也用这一路的汗水浇灌了最终属于他们的胜利。篮球赛获胜的背后凝结着金融0803全体的力量。“班干部从来都不曾缺席，一定准时到位。”班长说，“其实一场比赛，赛场上重要，场下的功夫也不容忽视。”每一次的比赛，班干部都会准备充分的水、毛巾等必需品。“队员是代表班级而战的，其他同学作为班上一分子，自然需要为队员打气、鼓劲儿。”正是因为这样的凝聚力，才让金融0803班不断收获着成功与喜悦。

班级素质那些事

三年努力，硕果累累。在学术领域上，该班17人次学术论文获奖，其中省级以上获奖2人次。在学科竞赛上，他们积极参与了大学生英语竞赛、数学竞赛、“挑战杯”、“杭州银行杯”等赛事，30人次获数学竞赛省级以上奖项。同时，他们不忘通过各种考证丰富自己的履历，近半数同学参与中级口译、BEC、金融英语等英语类考证，22人次参与证券、会计等从业资格证、专业类考证，在每一

次考证的背后都有他们辛勤的付出。此外，在大学英语四六级考试中有近三分之一的学生取得优秀等级，该班连续 3 年被评为学风优良班，也体现着金融 0803 班良好的专业素质。

值得一提的是，金融 0803 班的同学们并不仅仅满足于专业素质的发展，对于综合素质的提高他们从不马虎。截至 2011 年 11 月，全班已有 15 人加入了中国共产党，党员比例达三分之一。三年来，全班社会实践共获荣誉 40 人次，其中校级 24 人次。全班 27 人参加各级学生组织，22 人担任院团委委员、院学生会主席等学生干部，在全年级中所占比例最高，在历次优秀团干、优秀团员评比中获校级荣誉 7 人次、院级 5 人次。同时，对于学生个体而言，他们也努力发展着属于自己的才艺。对画画执着的柴栋梁有着制作漫画的梦想，文体才艺突出的罗婷活跃于院校两级的各类文艺晚会上。班中更有 5 个男生组成的“精英排”，酷爱演绎小品，他们以带给班上其他同学欢笑为快乐，其中，翻版的《孔雀东南飞》更是成为了班级不老的经典。

是什么促成了金融 0803 的成功？是班级活动的精彩纷呈，是班级建设的持之以恒，是学习上的孜孜不倦，是综合素质的全面发展……We are one，we are No. 1！金融 0803，用青春书写着大学班集体的魅力与辉煌。

（原载于《浙江工商大学报》644 期）

对于班集体，我一直强调学校“学风特优班”的优良传统，传递“优秀的班集体是优秀人才的摇篮”的理念，所以他们班从第一届班委开始就提出“争创学风特优班”的口号。对于集体里的每一个人，我强调的是优秀大学生评价标准的多维性，要求同学们打破“以成绩论英雄”的单一标准，鼓励大家在学习、工作、科研、文体等各方面都能够发展潜力，培育每个人独特的竞争优势。令人欣慰的是，金融 0803 班取得了不错的成绩。

——金融 0803 班辅导员史瑶瑶

高山仰止堪模楷

——楷模榜样篇

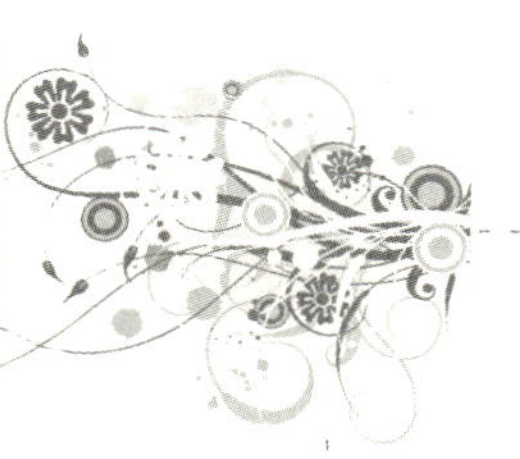

《诗经·小雅·车辖》中说：『高山仰止，景行行止。』崇高的道德，总是令人敬仰。

在『楷模榜样篇』中，我们所收录的，既有纪检监察系统的优秀干部，又有以责任为重的青年学者，有以孝心孝行获得全国道德模范提名奖的学生，也有视学生为弟弟妹妹的优秀辅导员……

宋朝李昂英有诗云：『高山仰止堪模楷，百世闻之尚激昂』，我们不求『百世闻之』的激昂，但求为大家树立可堪借鉴的榜样，因为，『榜样的力量是无穷的』。

导读：

青春领袖，奉献青春；

三十而立，立在责任。

他怀揣理想，以学者的情怀和学术的力量回报社会；

他用心育人，以教授知识和培育青年开启未来……

三十而立　立在责任

——访“2011 年度青春领袖”陈宇峰老师

文/王　珏

为人谦逊、亲切、勤奋、认真，对待工作从不会有丝毫的懈怠。这是熟悉他的人对他的印象。

他曾获得浙江省第 14 届青少年英才奖(2009)，并入选浙江省“新世纪 151 人才工程”第三层次培养人员(2009)和第二层次培养人员(2010)，还获得了首批浙江省“之江青年社科学者”荣誉称号(2011)。

他就是教育部人文社科重点研究基地——浙江工商大学现代商贸研究中心副主任陈宇峰老师。

2011 年 12 月 10 日晚，由浙江日报报业集团主办、浙江在线新闻网站和《钱江晚报》承办的“2011 年度青春领袖”评选活动结果揭晓，陈宇峰老师光荣当选“2011 年度青春领袖”。在此次评选中，他是全省高校唯一的青年教师代表。

“一个学者最重要的是什么？”颁奖典礼上，主持人提问。“这个问题真的很

难回答。”陈宇峰谦虚地说道，“我觉得自己离我的老师、前辈，甚至是离自己的目标都还相差很远。如果非要说我对学者的理解，那我坚信陈寅恪的那句话‘自由之精神，独立之思想’。”

“那么做老师什么最重要呢?”主持人追问。陈老师毫不迟疑地回答:“除了教授知识，还要将观察到的真实世界告诉给学生……”

执着勤奋　作为自我的责任

出身于一个普通知识分子家庭的陈宇峰老师因受其父亲的影响，从小就酷爱数学，立志于成为一名优秀的数学家。尽管中间有不少变化，现在也无法再按照当初的理想成为一名数学家，但他认为他现在从事的经济学研究与当初的数学世界在本质上是相通的，之前从父亲那里得到的数学基础，已成为自己现今探索经济学奥秘所必不可少的研究工具。

对于成功，陈老师有独到的见解，他说:“决定成功的要素首先不是你的聪明才智，而是拥有了一种气质，一种热爱自己事业并为之努力执着的气质。所以，成功不是计算出来的，也不是被大家说出来的，成功是在一份简单的快乐和执着中不期而遇的。”

在同事眼中，这位几乎将所有时间都花在办公室的工作狂在经济学领域有着敏锐的观察力，并乐于与别人进行学术交流。每周四、周五都是陈老师与自己的学生进行学术交流的时间。在接受记者采访的短短半个小时里，他不断接到学生的电话，耐心地为学生解疑。周末，是陈老师和他的研究生们进行户外运动的时间，打羽毛球、爬山是他们的保留节目。活动间隙，他们也时常讨论学术问题，陈老师笑着说这是培养研究的共同基点。此外，他还非常注重其他领域的自发学习和充电，并将这些知识在课堂上演绎。

当记者问起为何如此认真对待自己的工作时，陈宇峰老师谈起了在日本时候的合作导师——清野教授。“2006 年，我有幸在日本早稻田大学政治经济学部、21COE－GLOPE 研究中心担任国际研究员。研究中心的工作经历，让我真正体会到勤奋的乐趣和意义。每天早晨，我刚到研究中心，清野老师早已开始了一天的工作；晚上，我离开时，清野老师办公室的灯依然亮着，我看看手表，往往已是凌晨。看到清野老师勤奋、认真的工作态度，我仿佛明白

了日本能在短短的时间里跨入发达国家行列的原因。无论在哪个工作岗位上，勤奋是必不可少的工作态度，这是对自己一生的承诺，也是作为内心自我的一份责任感”。

怀揣理想　作为青年的责任

2006年，陈宇峰老师被破格晋升为副教授，成为当时省内最年轻的副教授之一。2011年，他已获得教授职称。目前，他的主攻研究领域为制度与转型理论、能源经济学。从2006年开始，陈宇峰的名字经常出现在国内许多知名报纸上。他先后在《上海证券报》《中国经营报》《董事会》等媒体开设学术专栏和思想评论，旨在让更多的社会民众接受经济学的理念，加强对现实的关注和理解。他的《三星韩国造》一书为国内企业学习国际大公司提供了借鉴，他撰写的关于日本社会的一些思想性随笔，更是深受读者们的好评。目前，已完成书稿《樱花、武士道与悲情国家的崛起》，该书即将由国内知名出版社出版。陈老师说：“在国外的时候，你才真切地体会到祖国是什么，祖国对于我们是多么的重要。爱国是实实在在的，我们要带着我们的理想和抱负不断地努力，肩负起青年的责任，为社会和国家作出自己应有的贡献。”

“我是一个幸运的人，可以在自己感兴趣的领域里做自己认为有意义的事情。正因为对研究的热爱，才会为之而努力。”谈及自己的研究动力，陈老师滔滔不绝，“我曾经说过要给我的学生们呈现一个真实的世界，一个不仅仅局限于现实的世界。在这里，不仅仅代表我们现在所见到的现实世界，更是我们带着心中最美好的愿景去构建的那个理想的未来世界。”

责任与理想对陈老师来说是至关重要的。“2011年度青春领袖”颁奖词是这样评价陈宇峰的：“学者的风范，在于见解的引领和独到。破译资讯密码、寻求更新的路径；释放自己的智慧，也推动社会的前进。学者的包容，在于传递知识，直达心灵。这位青年学者，告诉我们一个朴素的道理：青春，因为绽放而美丽。”

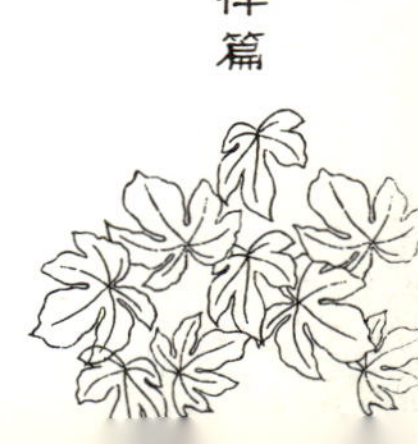

用心育人　作为教师的责任

在浙江工商大学，作为现代商贸研究中心副主任的陈宇峰为本科生、研究生和MBA研究生讲授《经济学原理》《制度经济学》《中级微观经济学》《中级宏观经济学》《公司金融理论》《管理经济学》等十余门基础理论和应用课程，传播经济学理念和大学精神，为各行各业培养了数千名优秀人才。

说起当初选择成为一名高校教师的原因，陈宇峰说："我的父亲是一名中学数学老师，他对我的影响很深。另外，我自己也认为，留在高校里做研究比经商或者从政更加适合我的性格，更能发挥我自己的比较优势"，"我经常会对自己的学生说，大学四年最重要的事情是要了解自己的性格特点，找到适合自己并且自己热爱的领域。其实学习最多的知识可能还只是其次的，最重要的还是要找到你一生为之努力的兴趣。而我认为，一生为之努力的兴趣在于我的研究，在于去发现现实世界的那些真实逻辑……"

听过陈老师课的人，都不难发现他在教学上的良苦用心。备课，他不仅要在教材基础上积极寻找相关的教学素材，努力把课件做得丰富生动，将抽象的知识化为具体的实例传授给学生，而且还尝试着将最前沿的行为经济学实验、案例教学等多种方法融合到教学之中，以此来提升学生对真实经济世界的认知和理解能力。在授课的过程中，他特别注重与学生的互动交流，激发各专业学生对经济学的学习兴趣。这种互动式的案例教学模式深受学生们的喜爱。对研究生的培养教育，陈宇峰更青睐个性化的教学方式。每周，他都会组织一次以上的讨论会，并积极为研究生创造出国学习和开会交流的机会。如今，他已经培养了研究生和MBA学生十余名，并与多名研究生在国内外重量级的专业期刊上发表论文5篇。

陈老师对学生的关怀不仅仅局限在学生的学业上。社保系大二的姜同学，家境贫寒，性格内向，但天资聪颖，对学术见解独到。陈老师在了解到姜同学的情况后便开始帮助他，一方面资助其必要的学习花费，另一方面也为他量身定做了学习计划，大大提升了姜同学在经济学领域的学术功底和自信心。2010年毕业之际，姜同学凭借良好的专业素质被一家证券期货公司看中。

作为老师，陈宇峰也很"惜才"。一名本是推荐到中国人民大学攻读硕士的学生，因为考试发挥不佳而落选，后被推荐到安徽大学学习。陈宇峰资助他参

加国内外的各类培训和学术会议，扩展学术研究的视野。目前，这名学生已发表了多篇论文，学术功底和研究水平远远走在前列。2012 年，以专业第一的优异成绩考上了中国人民大学经济学院，实现其学习的追求和梦想。

孔子说“三十而立”，但对于究竟“立”在何处，每个人都在自己的人生道路上苦苦探寻。陈宇峰老师用自己的行动告诉我们：“三十而立，立在责任。”

（原载于《浙江工商大学报》641 期）

> 决定成功的要素首先不是你的聪明才智，而是拥有了一种气质，一种热爱自己事业并为之努力执着的气质。所以，成功不是计算出来的，也不是被大家说出来的，成功是在一份简单的快乐和执着中不期而遇的。
>
> ——陈宇峰

导读：

爱学生，爱工作，爱家庭，也爱情义无价的师生友谊。他不是什么工作狂，他是姜兵，把学生当作弟弟妹妹，他是辅导员一名。

像对待弟弟妹妹一样对待学生

——“2010 全国高校辅导员年度人物”提名奖获得者姜兵老师侧记

文/王程洁　项海鹏　韩　蕾

身为将近 300 名学生的辅导员，对每个学生的姓名、毕业高中、家庭经济状况、个性特点、兴趣爱好、学习生活情况都了如指掌，甚至连家庭住址都一清二楚。有一年新生报到，有好多家长反映他一见面就能报出他们孩子的名字，而那一届他一共带了六七个班级。其实，在新生入学前，他已利用暑假将学生档案翻阅了五六遍，并记下每个同学的姓名和相关信息。他就是姜兵，浙江工商大学旅游与城市管理学院一位普通的辅导员。但他却用无私的奉献、真诚的付出，诠释了辅导员这一平凡职业的伟大。

“辛勤耕耘”是他最好的写照

每天上午七点半，姜兵老师总会准时出现在自习教室，检查同学们的早自习情况，光一个早上，他就要奔波于几个班级，这样的以身作则只是为了让学生能够在一天最好的时光里真正学到有用的知识；不仅如此，每天的晚自习，姜兵老师也都会到班里督促，他深知时间是宝贵的，这么多学生的时间更是浪费不起的。刚开始有同学觉得姜老师管得太紧，但是一段时间下来，他们养成了良好的早晚自习的习惯，这才明白了姜兵老师的良苦用心，理解取代了抱怨，感激取代了不满。同学们打心里佩服这位辅导员，如果不是他的督促，宝贵的时间就在被窝里和电脑前流逝了。在英语四级考试期间，他还组织整个学院的每个班级在周末晚上进行四级模拟和训练，而他更是坚持每次都到岗就位。姜兵老师说：“辅导员的工作在每天的 8 小时里是绝对完成不了的，只有占用大量的下班时间和周末才能做好，而我只能尽心尽力地做到无怨无悔！”

他的学生都说，姜老师一周过七个星期一。几乎每一天他都是最早到办公室的，每一天他的办公室都是整幢行政楼最后一个熄灯的。他是保安最“烦”的人，因为有太多次，他们晚上十点多来催促这位对办公室“恋恋不舍”的老师“下班”。

他常挂在嘴边的一句话就是“责任重大，使命光荣”。八年来，姜兵几乎没有请过事假、病假，始终在辅导员这个岗位上，以极大的热忱做好学生的教育、管理和服务工作，忠实履行辅导员的职责。他深知工作对象是朝气蓬勃、情感丰富的年轻人，必须用关爱来赢得信任和理解。正如他所说的，“做人的工作，最重要的就是感情”。辛勤的耕耘终于换来了丰硕的果实，他所带的注会 0501 班，被团中央、教育部授予“全国先进班集体”荣誉称号。

“我是最爱开会的辅导员”

姜兵老师不仅工作负责，同时他还非常注重工作技巧，进行工作创新。姜老师加了他的每位学生为飞信好友，每当节假日来临的时候，他都会用短信为

同学们带去节日的问候。不仅如此，他还经常鼓励他的学生要对生活充满希望，并将自己在工作中的心情和体会用短信和同学们分享。师生的情谊通过飞信紧紧相依，师生的默契在日日夜夜的相处与关爱中悄然建立。学生姜露丹这样说道："只要手机连续震动三次，不用猜，肯定是姜老师的短信。"有同学曾粗略地统计过，平均一个学期，姜老师共向同学们发出了13000多条飞信。

沟通无疑是消除隔阂最好的方式。姜兵老师坚持"关爱对方、师生互动"的原则，经常召开各种形式的会议，一次次面对面真诚的交流，一次次语重心长的谈心，师生间的隔阂在理解和关爱中渐渐消失，取而代之的是彼此的默契和信任。姜兵老师笑着说："我是最喜欢开会的辅导员。"在得知姜老师获得2010全国高校辅导员年度人物提名奖后，许多学生都发来短信表示祝贺："姜老师，真的为有您这样的老师感到骄傲！谢谢您曾经为我们付出的点点滴滴！"

"我要像对待弟弟妹妹一样对待我的学生！"

2003年，参加辅导员面试时，姜兵说，"我要像对我的弟弟妹妹一样对待我的学生！"这句话朴实真诚，他是这么说的，也是这么做的。

为做好经济困难学生的工作，他详细地向困难学生介绍各项资助政策，更引导、鼓励困难学生自立自强，激励他们努力创造美好的未来。多年来，他已不知道多少次邀请他们到自己家去做客并亲自下厨，让远离父母的学生体会到关爱；为使助学金发放到真正需要的同学身上，他认真审核申请材料；为帮助经济困难的学生，他带头捐款，成立了"学生互助基金"；为拓宽资助渠道，他积极联系事业有成的老师、校友；尽管他的经济条件并不宽裕，他还是借给贫困学生生活费，累计已逾3万元。他总是亲切地对自己的学生说："等你什么时候有钱了再还，先安心学习，没关系的。"

有一次，许多同学因为假期都回家了，而路远的同学只好待在学校，姜兵老师怕他的学生在学校里感到孤单，就邀请这些学生都到他家做客，还亲自下厨和妻子一同准备了一桌丰盛的饭菜招待学生，美味的菜肴里融着一位辅导员的拳拳爱心，同学们的脸上露出了温馨的笑容，而姜兵老师内心也充满了幸福，学生的开心就是他的开心。

会计专业2009级的沈同学在大一暑假时，家庭遭遇变故，父亲因事故变成了残疾人，正当她处于痛苦中时，姜兵老师及时为她带去了温暖和希望。"不要

怕，坚强乐观地走下去，有什么困难我们一起想办法！”他的真诚犹如一道阳光驱走了黑暗，沈同学在姜老师的鼓励和陪伴下，终于从痛苦中走了出来。

“我把自己的命运和学生联系在一起。”为了更好地工作，姜老师有坚持记工作日志的习惯，迄今已有16本。他不断总结，希望使自己的工作更加完善。他总是说：“学生的苦乐，尤其是苦，要惦记着，尽最大努力解决。”

正因为一心扑在事业上，姜老师对家庭充满了愧疚。妻子产后第一天，他就因学生离开了医院，那一刻妻子流泪了。同事说他“早上上班时，孩子还在睡觉；晚上回家时，孩子已入睡”。刚懂事的女儿有时突然会冒出一句：“爸爸，你昨晚怎么没回家呀”，“爸爸，你什么时候带我出去玩呀？”女儿还曾天真地说道：“我要当警察，抓住爸爸，让他陪我玩，因为我天天都见不到他……”

他很爱他的妻子，也很爱自己的女儿，但在他心里，他更放不下他的学生。在2011年3月的辅导员述职大会上，谈及自己当辅导员的经历，姜兵老师动情地流下了热泪，而在场的很多学生也红了眼眶，这是一个辅导员对学生深深的爱，也是学生对有这么一个贴心辅导员的无限感激。他像一个哥哥，真诚、无私，心里念的，始终是他爱着的学生。

呵护学生，关爱学生，陪伴学生成长——这就是姜兵老师，这就是一名平凡辅导员的不平凡情怀。

（原载于《浙江工商大学报》642期）

大学生是十分宝贵的人才资源，是民族的希望，是祖国的未来。高校辅导员工作在教育学生、管理学生、服务学生的第一线，可谓责任重大，使命光荣。工作头绪多，工作强度大，忙碌加班是辅导员工作生活的写照。辅导员作为大学生思想政治教育工作队伍的重要组成部分，要有视学生为子女的情怀，要有高度责任感和奉献精神，要坚持正确的政治方向，加强思想道德修养，增强社会责任感，成为大学生健康成长的指导者和引路人。

——姜　兵

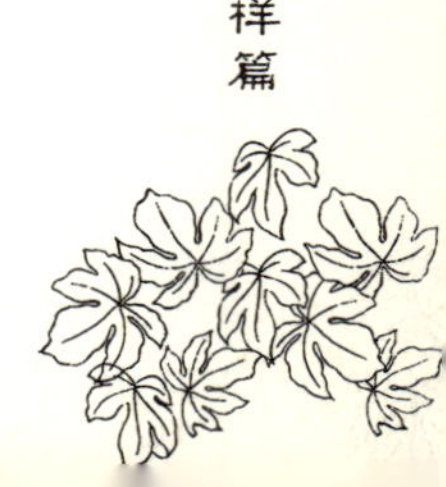

导读：

教学、行政、科研、全国人大代表，她的角色是多重的，但不管身处何种角色，她始终尽职尽责，就像一支燃烧的蜡烛。

实现社会价值的同时，实现了自身的价值，照亮别人，也照亮了自己。

回首向来路

——博士生导师沈莲清教授侧记

文/王程洁

淡淡阳光洒在工商大学老校区的林荫路上，路旁的二号行政楼保留着20世纪80年代的风格，庄重而朴素。笔者要采访的沈莲清老师就是在这幢楼里办公。她每天的生活很有规律，甚至有些单调，在学校和家之间往返。

沈莲清老师是浙江工商大学食品与生物工程学院教授、博士生导师，桃李满天下。1981年浙江大学物理化学专业硕士毕业后，先后在浙江工业大学、浙江科技学院、浙江工商大学从事教学研究和行政领导工作。作为食品科学的学科带头人之一，沈老师曾当选第十届全国人大代表，1999年起享受国务院特殊津贴，2004年获得全国总工会颁发的"全国先进女职工"荣誉称号。

2004年12月—2007年1月间，沈老师担任了浙江工商大学副校长，2007年从副校长的位置退居二线。按理说，已经花甲之年的沈教授不需要再像以前那么为公务忙碌，可以享受来之不易的闲暇时光了，但她却闲不下来，坚持带研究生，并且在退居二线的这五年时间里，展示着非同凡响的科研能力，带领团队每年完成一到两个课题。2010年，沈老师荣获2010年度浙江省科学技术一等奖。

从 1981 年沈老师进入高校工作至今，已三十余年。浮生一瞬，半个甲子。回想过去，沈老师感到能把自己的一生都奉献给教育是一种莫大的荣幸，在为社会创造价值的同时，也实现了自己的价值。

桃李不言　下自成蹊

在高校从事教育事业，沈老师每天都面对着学生。她的教育理念也一直抓住人的本位，以学生为重，以学生为本。她一直强调在情感上要视学生为子女，作为年长者要给予学生无论在学业还是生活上应有的指引。此外也要把学生当朋友看待，师生本应该是平等、友好的，是一种互动关系而不是上下级的关系。“教书育人不应该像改革开放前一样，那时师生距离远，现在师道尊严要有，以人为本更要有。”沈老师说道。

教育以培养人为目的，沈老师始终认为学生首要的就是在人格上经得起检验。教师在这一点上要负起责任，教会学生做人，无论从事什么行业，一定要人品端正，做事踏实稳重，讲求职业道德。

在专业素养上，沈老师坚持认为教师要做好引路人的角色，更重要的是培养学生自立的精神，并且给予他们充分发挥的自由空间。她说，作为一个教师要把握好方向，使学生少走弯路，在诸如研究生选题、论文写作或答辩方面给予学生关键性的指导。与此同时，尊重学生个人的合理意见，使学生能够具备独立的研究能力和创新能力。

在沈老师带的研究生中，也时常会遇到生活条件不是很好的学生，她会按国家规定从课题经费中提取一部分，给困难学生做为生活补助，为其生活提供基本保障，免去做科研的后顾之忧。在学生眼中，沈老师就像母亲一样对他们关怀备至，因而在毕业多年有了自己的事业之后，仍有不少学生会在节庆日回来看望她。

在其位　谋其政

1995 年起，沈老师开始承担行政工作。当时她正在浙江工商大学的前

身——杭州商学院工作。作为为数不多的女性领导，繁重的行政事务也使她面临更多的挑战。沈老师坦言，除行政工作之外，都是用周末、假期的时间来搞科研，家庭顾得很少。

“我有两个孩子，陪他们的时间很少。不过还好他们比较懂事，记得有一回大儿子从睡梦中醒来，看到我大半夜还在工作，说以后也要像妈妈一样努力，并要超过妈妈。我很高兴，他们现在都挺有出息的，大儿子现在是国家商务部的副司级外交官员。”

谈起陪陪家人这样一件对于普通人稀松平常的事，在沈老师眼里却是很奢侈的。家人不大看得到，似乎成了多年的习惯。“即使逢年过节，我的兄弟姐妹在家里团圆，我也很少回去，因为太忙了，很多时候真的走不开。”沈老师说道。

2004 年，沈老师从当了 5 年院长的浙江科技学院调到浙江工商大学担任副校长，并分管设备、人事的管理工作。接手这个工作之后，沈老师花了很多心思。她着手申请了省财政专项资金用来购置设备仪器，减轻了学校的负担，在设备添置上开始实行文理分开，邀请校外专家进行评估，增强购置的合理性。

2003 年 9 月起，浙江工商大学下沙校区启用，学校绝大部分专业都迁往下沙，而食品科学与生物工程专业则仍然留在教工路校区。沈老师是食品学院的教授，教学和科研都要在教工路校区完成，但是学校本部已经设在下沙校区，作为校领导的沈老师每个工作日白天都要在下沙校区办公，晚上还要赶回教工路校区给研究生上课。那段日子里忙碌彻底成为生活的主旋律，然而在沈老师眼里，这些都是职责所在：“在其位，谋其政”，理所当然。

人大代表的光荣与使命

2003 年沈老师光荣地当选第十届全国人大代表，身为教师的她又多了一重社会角色。能力越大，也就意味着责任越大。沈老师知道自己身上的担子更重了，能成为人大代表必须对人民负责，要认真地听取人民的建议。

在担任全国人大代表期间，沈老师为提交有分量的议案而深入调研，相继提交了涉及“京沪高速铁路”“大学生就业”“水质及食品安全”等领域的诸多议案。这也使得她成为中央及地方诸多媒体关注的焦点。

在接受《都市快报》的采访时，沈老师再一次将关注点聚焦到大学生的就业问题上。因为自己经历的缘故，她特别看重大学生青年时期的历练，认为青年

需要从基层开始磨砺，为今后的发展拓宽道路。她在议案中建议在西部建立大学毕业生实习基地，并把有关鼓励政策写入《就业促进法》草案，吸引大学生到西部工作，缓解当前存在的就业压力。

因为出身于生物化学专业，沈老师曾提交的“生活饮用水卫生标准”提案，以自己的学科知识服务社会，履行代表职责。因为长期以来我国沿用的生活饮用水卫生标准是 20 世纪 80 年代制定的，而且国内外的指标不尽相同，而随着经济的发展、人口的增加，不少地区水源短缺，有的城市饮用水水源污染严重，原有的标准已不能满足保障人民群众健康的需要。沈老师的提案引起了卫生部的重视，随后经过多方讨论与协商，2007 年 7 月 1 日，由国家标准委和卫生部联合发布的《生活饮用水卫生标准》、强制性国家标准和 13 项生活饮用水卫生检验国家标准正式实施。这是国家 21 年来首次对 1985 年发布的《生活饮用水标准》进行修订。

30 年的时间，回首向来路，沈老师做了自己能做的，也没留下什么遗憾。她说：“我记得有一位诗人曾说：‘教师就像是一支蜡烛，燃烧自己，照亮别人。’我认为在新时期这话可用另一种方式来表达：‘教师是一支蜡烛，在燃烧自己以照亮别人的同时，也照亮了自己。’我因此感到满足与高兴。”

（原载于《浙江工商大学报》645 期）

记得自己从小学到大学一直受到多位恩师的关怀，当年我的导师曾把我当作他们自己的女儿，今天我也把我的学生当作自己的儿女，教育他们要以天下为己任，置国家利益于个人利益之上；教育他们努力拼搏，不断创新。学生们（包括自己的孩子）现都已成才，不少人已成为祖国建设各条战线上的精英。

回首往事，这辈子没有虚度年华，在教育科技领域中取得了一定的业绩，也为党和人民作出了自己应有的一份贡献。

——沈莲清

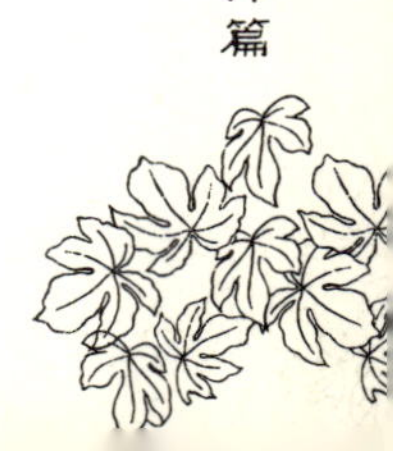

导读：

坚守纪检监察岗位，尽心尽力尽职尽责。十二年如一日，他敬业务实、公道正派、实事求是、正气凛然，彰显了一名纪检监察干部的英雄本色。

教育廉政战线的优秀干部

——记全省纪检监察系统先进工作者许富明老师

文/秋 秋 方 草

浙江工商大学纪委副书记许富明老师，坚守在纪检监察的工作岗位上，十二年如一日。十二年来，他将精力倾注在学校的纪检监察工作上，出色地履行了一名高校纪委副书记的职责，作为一名教育廉政战线上的工作者，他努力为学校改革、发展与稳定保驾护航，尽心、尽责、尽力。怀着钦敬的心情，我们走访了许老师。

率先垂范立先锋

许富明副书记多年来一直工作在纪检监察领域，由于在纪检监察工作中表现突出，受到中共中央纪委、监察部的嘉奖，并被浙江省纪委、省监察厅授予“全省纪检监察系统先进工作者”荣誉称号。他个人 9 次获得学校年度考核优秀等级，先后被评为校“三育人”先进个人、校优秀党务工作者、省教育系统优秀纪检监察干部、全国教育纪检监察先进个人等荣誉。

在率先垂范的同时，许富明老师始终坚持学习不放松，一走进许老师的办

公室就深深体会到这一点，一摞摞的文件资料堆放在许老师的书桌上，许老师说：“随着形势的发展，高校的纪检监察工作面临着许多新的问题，若不做深入的调查研究是难以取得成效的。”

许富明副书记始终重视打造一支过硬的纪检监察队伍。他与其他纪检干部一道，严格执行《浙江工商大学纪委工作职责》《纪检监审干部守则》《纪委会议事规则》等一系列工作制度，促进了纪检监察工作的制度化和规范化，并注重抓好纪检监察干部的理论学习和业务培训，锻炼了一支廉洁、高效的学校纪检监察干部队伍。

兢兢业业履公职

许老师在工作中一直以兢兢业业、尽心尽责的工作态度落实每一项工作。为完成一项任务，有时会忙到深夜，有时又会在凌晨起床工作。为切实推进学校预防和惩治腐败体系的构建工作，落实上级《加强高校反腐倡廉建设意见》，按照校领导的要求，许老师先后起草了《浙江工商大学反腐倡廉工作体系实施办法》和《浙江工商大学建立健全惩治和预防腐败体系 2008—2012 年实施办法》，并将惩防体系建设工作分解成 93 项具体工作任务，落实到 22 个牵头部门和责任部门，还专门设计了任务完成情况对照检查表，每年进行部署和检查，努力将各项工作任务落到实处。

许老师同时注重细节，力求完善，他根据校领导的意见，起草了建立反腐倡廉大宣教格局和反腐倡廉宣传教育联席会议的相关制度，明确了各部门和学院在反腐倡廉宣传教育上的工作职责与要求，并整合各方力量，发挥各方作用。工作有布置、有检查，取得了良好的反腐倡廉宣传教育效果。在筹建“浙商大廉政网”时，为了充分发挥网站的教育功能，对于栏目设置、内容选择、版面设计，整体格局、色彩和功能的确定，他都要经过再三比较、认真推敲、一次次地修改完善，哪怕是一个很小的细节，都少不了反复斟酌；此外，自 2008 年校纪委建立廉政短信平台以来，他坚持每周末亲自向全校 300 余位处科级领导干部发送廉政教育短信，发送的内容针对不同时段，如节假日、干部换届等，都经过了仔细斟酌，干部们反响良好；多年来，他结合实际，精心备课，针对不同时段不同对象，精心准备讲授内容。在校内 30 多次反腐倡廉宣讲中，坚持做到内容针对性强，受到广大师生的好评。

采访期间，恰逢学校某部门来找许老师，要求纪检办派人参与招聘过程。为此，许老师说："纪检监察工作正是要靠各部门都意识到纪检监察的重要性，主动接受纪检部门的监督，这样其实也是有力地保护了党员干部自己。"

踏实细致创佳绩

许富明老师注重以制度建设为重点，推进惩防体系建设，重视制度的制订，先后起草了几十项规章制度；加强制度宣传，分别在浙商大办公网和廉政文化网上设置了"惩治和预防腐败制度体系"专栏；加强纪律检查，以检查制度执行情况为契机，进一步提高学校对反腐倡廉规章制度的贯彻执行力；加强制度咨询，要求每位纪检监察干部要像法律顾问那样努力成为一名"制度顾问"。同时，许老师坚持在实践中创新，针对高校预防腐败工作的实际，他提出了《高校预防商业贿赂须着力解决好三大关键问题》，准确地把握了高校治理商业贿赂的关键环节；开展纪检部门与相关职能部门的经常性沟通交流，共同探讨强化廉政风险防范措施，这项互动机制在学校反腐倡廉实践中起到了积极作用。

许富明老师以监督制约为核心，推进权力规范运行。积极开展监督与接受监督的宣传，增强校内有关部门和干部自觉接受监督的意识；建立有关监督制约工作机制，如专门设计了招投标纪检监督工作方法、两年一次的校务公开工作检查办法等；努力做好各项监督工作，严格按照学校有关规章制度，认真负责地把好监督关；对管理中存在的薄弱环节和制度机制中需要改进的方面，及时向有关领导汇报，采取有效措施加以改进提高；完善学校纪检监察制度，强化责任感和正义感。

许老师注重做好群众信访工作。通过在学校各校区和基建工地设置纪检举报箱、电子举报信箱、举报电话、主动走访等，确保群众信访举报渠道畅通。几年来，校纪检部门共受理群众举报信函 160 余件，他负责并参与了其中大部分事项的核查工作，努力做到件件有落实，事事有结果。

实事求是讲正气

在反腐倡廉宣传教育实践中，许富明老师坚持实事求是的原则，与其他同

志一起积极推行“十个一”教育方式(开好一次会议:年度反腐倡廉建设工作会议;建好一个网站:浙商大廉政文化网;举办一场宣讲:去有关部门开展反腐倡廉宣讲等;组织一次专题教育活动:“艰苦奋斗、廉洁从政”的主题教育活动及理论学习中心组反腐倡廉专题学习等;发送一条短信:坚持每周末向全校300多位处科级干部发送廉政短信;编发一份信息:每年编发4期《纪检监审信息》,每期发放300多份;发放一批书刊:《党风廉政建设》《反腐败导刊》《廉政准则释义》等;开展一系列谈话:与有关处科级干部任前廉政谈话、谈心沟通等;讲好一堂课:大学生中的反腐倡廉教育课等;举办一次廉洁文化周活动:以“扬清风正气,促商大发展”为主题,以“六个一活动”为载体)。通过这“十个一”教育活动,加强了学校反腐倡廉的舆论宣传教育、各级领导干部的作风教育、广大党员干部的勤政廉政教育、广大教师的师德师风教育、在校学生的廉政文化教育和外协单位有关人员的反腐倡廉教育。

当谈及纪委工作的特殊性时,许富明老师表示,一路走来或多或少也遇到过不被理解或者不怎么配合的情况,但作为纪检监察干部必须坚持原则,坚信做好纪检监察工作是对组织和群众的负责。对于不被或暂时不被有些人理解的情况,他恳切地说道,纪检工作虽然有时要得罪个别人,却是为了维护绝大多数人的利益,所以不能怕得罪人,要树立起正气来,为造就风清气正的校园氛围做贡献。

(原载于《浙江工商大学报》636期)

纪检监察工作和反腐倡廉建设是一个地方、一个单位健康发展的重要保障。多年来,本人作为一名专职纪检监察干部,在校纪委的正确领导下,依靠同志们的支持配合,尽自己努力做了一些工作,发挥了一些作用。但是,比起上级纪检监察部门提出的“做党的忠诚卫士、当群众的贴心人”的素质要求来说,还是有很大的距离。因此,面对组织给予的荣誉,内心深感惭愧。今后只有更加竭尽所能,认真学习,提高素养,踏实工作,积极贡献。

——许富明

导读：

与学生聊天，他坦诚亲切；探讨学术问题，他一丝不苟；指导学生参加“挑战杯”竞赛，他乐此不疲。因为在他看来，与学生分享快乐就是最大的乐趣。

“和学生分享快乐是我工作的最大乐趣”

——访全国“挑战杯”优秀指导老师郑苏法

文/王　珏

“好球！”

“法哥的球技越来越好了。”

傍晚的学校乒乓球馆依然挤满了锻炼身体的老师和学生，那位在乒乓球桌前打得热火朝天、同学们口中的“法哥”正是浙江工商大学法学院党委书记、副教授郑苏法老师。在球场之外，这位与学生打成一片的“法哥”以其严谨、务实的态度，与学生一起在“挑战杯”的赛场上打出了属于自己的天下。工作之余，郑老师接受了校报记者的采访，谈起了艰辛与快乐并存的“挑战杯”之路。

精心组织　硕果累累

自 2005 年以来，郑老师指导本校及兄弟院校学生参加“挑战杯”竞赛，共有 24 件(次)作品获得浙江省和全国奖励，在 2011 年的全国“挑战杯”学术科技作

品竞赛上，浙江工商大学获奖的6个作品中，有3件作品是由郑苏法老师指导的。由此他也创造了连续2届(2009年和2011年)指导浙江工商大学学生作品均获得全国“挑战杯”学术科技作品竞赛特等奖的新纪录。2010年，他指导3所省内高校学生参加全国“挑战杯”创业计划竞赛获得两个全国金奖和一个全国银奖，他本人也多次被评为全国“挑战杯”学术科技作品竞赛优秀指导教师，并获得浙江省“挑战杯”学术科技作品竞赛优秀指导教师、浙江省“挑战杯”创业计划竞赛优秀指导教师、浙江省“挑战杯”创业计划竞赛杰出贡献奖等荣誉。近年来，他曾任浙江工商大学MBA学院创业竞赛指导顾问和任课教师，获中国就业培训技术指导中心首批“全国创业(SYB)培训师”等资格证书，并多次在浙江理工大学、浙江师范大学、浙江农林大学、中国计量学院、温州医学院、浙江财经学院、浙江科技学院等20余所高校开展学生科技创新讲座，深受好评。

在“希望杯”及“挑战杯”的组织工作方面，郑老师也做了很多工作，为学校的学生科技工作步入科学规范的轨道做了较大贡献。在校团委工作期间，浙江工商大学连续3届(2005—2009年)获得全国“挑战杯”大学生学术科技作品竞赛发起高校资格，郑老师为此做出了很多努力与奉献。

广见洽闻　心系学生

面对众多荣誉，郑老师只是谦虚而幽默地说：“拿奖只是不小心的。”其实，获奖背后有太多的艰辛。从选题、组队到课题的修改与答辩，他都全力投入，从不懈怠。

要在众多作品中脱颖而出，选题至关重要。对此，郑老师胸有成竹，“每次选题之前，我们都会对历届获奖作品做深入的分析，总结获奖作品的特点，再结合社会热点，从生活中寻找灵感。比如这次全国的特等奖作品《基于GDP的最低工资标准测算模型实证研究》，就是去年上半年我在和省劳动厅的一些朋友聊天中得到启发，很自然的就有了这个选题，半年后正好是省‘十二五’规划中提到的内容。”

记者在与“挑战杯”获奖学生的交谈中得知，郑老师在选题上的应付自如和他平时广泛涉猎各类学科的知识是分不开的。无论是在法学、经济学领域，还是政治、军事、体育等其他方面发生的重大事件，郑老师都有着自己独到的看法，并乐于和学生分享自己的观点。在研究课题的过程中，当不少学生产生研

究越深入则疑问越多之感，迷茫得不知该往哪里走时，郑老师总能指引学生一个恰当的研究方向。郑老师认为，要把参加“挑战杯”当作锻炼自己、提高自己综合素质的一次机会，不能带有太多功利的色彩。只要基本功扎实，能吃苦，自然会收获很多东西，这些收获不是单纯的获奖所能涵盖的。郑老师说：“我指导‘挑战杯’，把以为学生创造提高能力的机会为乐趣，在参赛的过程中见证学生们的成长。作为老师一定要多为学生着想，在指导学生的过程中为他们搭设一个更好的学习、交流的平台。”

耐心细致　精益求精

在本届“挑战杯”全国特等奖获得者宋梦颖和叶志鹏看来，每次和郑老师聊天时，他总是朋友般的亲切与坦诚，但一牵涉到学术问题，郑老师马上就变成了一位雷厉风行的严师。为做好“挑战杯”课题，师生四人倾注了太多本属于休息的时间，在这一点上，郑老师非常严格，他认为该做的事情一定不能拖，必须保质保量地完成。到了比赛的后程，熬夜几乎成了团队成员的家常便饭。

郑老师对待学生有足够的爱心与耐心，从不怕被打扰，也不嫌麻烦。身为法学院党委书记，他事务缠身，能够在百忙中抽出时间来指导学生的课题已属不易，更何况是数易其稿，不厌其烦，这一点，与郑老师接触较多的学生都深有体会。每次一收到学生们发来的作品，即使是在深夜，郑老师也会连夜认真地修改，并及时与学生沟通。在深夜收到老师修改的作品，学生们既感动又愧疚，都暗暗下决心要更加努力。为了在“挑战杯”的答辩中发挥出高水准，郑老师对PPT的制作和学生的演讲都严格把关，PPT中的文稿修改了一遍又一遍，答辩演讲时的一些不适当的细微动作和神态，也被他一一指出。对于这些繁杂的工作，郑老师不曾有丝毫的懈怠，总是在每天繁忙的工作之后，牺牲自己的休息时间以求保质保量地完成。回想起备赛时的艰辛，宋梦颖和叶志鹏笑着说：“正是由于有郑老师在后方的大力支持，我们才有参赛应战的底气与自信，郑老师是我们团队的灵魂。”

对于“挑战杯”指导老师的定位，郑老师认为最重要的是引导学生，让学生在做课题的过程中学会解决问题的方法和科学的思维能力。在团队中，他常与同学一起分析问题，思考怎样达到课题的预期目标，他说：“做课题不可能一帆

风顺，需要你不断地修正与完善。一旦下决心做一个课题，那就要做透，绝不容许马虎。”

陪伴成长　分享快乐

谈到指导老师所应具备的素质，郑苏法老师说：“我指导学生获奖多不是因为自己学术水平有多高，而只是我愿意花更多的时间到学生身上罢了。”他说：“一个学生的能力是与其和老师在一起的时间成正比的，作为指导老师必须做到心里有学生，老师就是团队的一员。要努力给学生搭建良好的平台，让整个团队可以在一起很好地交流，并努力为学生引荐校外最一流的行业专家进行学习，提高学生的沟通能力，这样整个团队的整体水平才能较快地提高，也才能做出更有价值的作品。”

在做“挑战杯”课题期间，郑老师的办公室几乎成了课题组学生活动的大本营。在这里，郑老师与学生交流想法，查阅资料，讨论问题，团队成员间的距离拉近了，交流愈加真诚，效率有了很大的提高。“郑老师对学生的亲切关爱是发自内心的，他从来不命令我们一定要去做什么，而是和我们平等地交流可以去做什么，他真的称得上是我们的精神导师。”2010年“挑战杯”全国银奖获得者邵宇佳谈起郑老师时这样说道。做课题紧张的时候，郑老师还亲自给学生带饭，甚至是大鱼大肉地慰劳学生，生怕他们太辛苦而忙坏了身体。随和的他很快和学生打成一片，发现一首优美的钢琴曲，他都要推荐给学生，调侃一下学生们的品位，和学生们分享经典音乐带来的快乐，舒缓准备课题而承受的压力。比赛结束时，郑老师和学生早就成了铁哥们，常在一起打乒乓球、聚餐等。学生宋梦颖说：“郑老师有一种深入骨髓的可爱，团队成员和他在一起研究课题会觉得很快乐。”

“时间过得真快，当年一起做课题的学生，现在有的已在国外读博士，有的成为单位里的骨干。每次有人回国或来杭州，我总是能在第一时间收到他们给我发的聚会短信，我觉得做老师特自豪！”说起自己带过的学生，郑老师脸上写满欣慰，他说，“能和学生分享快乐是我工作的最大乐趣”。简单的一句话，却道出了为人师者的真谛。

在“挑战杯”的征程上，浙江工商大学的参赛队伍正如疾驰的火车，向着更远的地方前进着，每一位指导老师则像是车下的铁轨，坚实、稳重。为了学生的

成长，很多优秀的老师都在默默付出，正是有这样一支潜心耕耘、无私奉献的指导教师队伍，浙江工商大学才能在全国“挑战杯”竞赛中取得优异的成绩，前行的道路会更广阔，前面的风景也会更美！

（原载于《浙江工商大学报》637 期）

> 一直喜欢与学生交流，是因为我选择了老师这个职业就应与学生同行。刚参加工作时那些喜欢到我家“蹭饭”的学生现在早已是最“铁”的一批哥们了，一届又一届“挑战杯”竞赛团队成员毕业后还叫我“法哥”，每次都让我心里乐滋滋的。其实带学生参加竞赛项目获奖多，不是因为我的学术水平有多高，只是我愿意投给学生更多的业余时间罢了。努力把快乐带到工作和生活中会是我一生的坚守，陪伴学生在“玩一玩”的竞赛中得到学习和成长，享受过程的快乐。
>
> ——郑苏法

导读：

一声“歆玫姐”，叫出了学生对老师的信任；声声“歆玫姐”，叫出了亲密无间的师生情谊；十年“歆玫姐”，叫出了学生们发自内心的幸福和感激之情。

歆玫姐的故事

——访旅游与城市管理学院王歆玫老师

文/秋　秋

王歆玫，是浙江工商大学旅游与城市管理学院团委书记、辅导员，2002 年 7 月至今从事学生工作已 10 年，曾先后担任旅游学院 25 个班级的辅导员。在 2012 年 5 月落幕的第一届浙江省高校辅导员职业技能竞赛中，王歆玫老师以精湛的职业技能夺得第一名，并代表浙江省参加全国的比赛。6 月上旬，喜讯传来，在由教育部思想政治工作司主办、中国高等教育学会辅导员工作研究分会承办的“第一届全国高校辅导员职业技能竞赛”中，王歆玫老师又获得优秀奖。

与王老师相约采访是在一个晚上，忙于辅导员职业技能竞赛的她正在做最后的赛前准备，然而这样的忙碌对于王老师来说已是家常便饭，我们的采访从一声“歆玫姐”开始。

笔者在采访前观看了王歆玫老师的参赛短片，短片中，歆玫姐的学生们从各地传来了问候，声声“歆玫姐”拉近了彼此的距离。办公室里，正在做事的学生干部也叫着“歆玫姐”，一声简单的称呼背后，既有学生对她的信赖，也有着十年不平凡的故事。

十年歆玫姐　良师兼益友

2001年9月，大四的她迎来了自己人生中要带的第一个班级——旅游012班，那时她与学生们差不了几岁，于是学生们开始叫她“歆玫姐”。2002年她正式留校从事学生工作，开始成为一名真正意义上的辅导员，而“歆玫姐”的称呼成了旅游学子的一种习惯，一届一届传了下来。一声“姐”体现的是一种家人间的亲近，是一种师生间难得的亲密感情。

歆玫姐从事辅导员工作10年时间，一路走来，有荣耀，也有坎坷和艰辛。有一位老师这样评价歆玫姐，“见过很多人认真地做事，但很少有人像她那样10年认真地做一件事，这让人敬畏。”因此，当笔者问到歆玫姐从事辅导员工作10年的心路历程及心理变化，她坦言，这10年来其实她对辅导员工作的心态几乎是没有什么变化的，她还是终日与学生为伴，分享着他们的快乐，分担着他们的痛苦，解决着他们的困难，而学生们也依然叫她“歆玫姐”。她说：“很多事不是因为有希望才去坚持，而是因为坚持了才有希望。”十年来，她一直以学生为中心，兢兢业业为学生服务。

谈及这10年辅导员生涯，歆玫姐有她对辅导员这一职业的深刻理解，辅导员的英文翻译有很多，她最喜欢“mentor”这个单词，这是她06级一个英语成绩很好的学生告诉她的，因为mentor一词有“良师益友”的含义。“良师益友”正是歆玫姐对于辅导员的理解。她是严厉的师者，以她自己的方式授人以渔；她又是大家的歆玫姐，用自己积极乐观的生活态度去感染每一个学生。她与他们分享自己的喜怒哀乐，与他们分享自己宝贵的人生财富，在一声声“歆玫姐”的簇拥下，师生间亦师亦友的美好情谊正生根发芽。

十年如一日　日久见真情

10年间一如既往地在做学生工作，其中的艰辛可想而知，但歆玫姐却笑着告诉笔者，这10年来，她累积了不少“财富”，这笔财富叫做“家人”。她将她的学生视作亲人，给予家人般的关怀与温暖。做学生的心理工作一聊就是几个小

时，错过了食堂的饭点，她把学生载回自己家吃饭；为了避免一个学生早自习迟到，她用自己的钱买了一辆自行车送给那位学生；她曾给她的学生垫付过 2000 多元钱的重修费用，就为了让那位同学看到毕业的希望……这样的例子不胜枚举，10 年来的点点滴滴都是歆玫姐的爱与奉献。

2011 年，歆玫姐迎来了生命中的新起点，小宝贝的出生实现了歆玫姐人生角色的转换，身为母亲的她变得更加忙碌，她说，家里有她可爱的宝贝女儿，校园里，有她成群的孩子。爱生如爱子，十年如一日。歆玫姐说，她没有什么特别的，只是性格使然罢了。感性如她，热情如她，学生们眼中的歆玫姐是一个极具感染力的人。

2004 年 9 月，当歆玫姐初来下沙，接替 03 级旅游班原辅导员的工作，学生们一时不适应这样的转变，为了让学生们尽快接受她这个“新人”，她熬了好几个通宵，仔细阅读了 03 级每一位同学的“大一感言”，然后给每位同学都写了一封信，80 多位学生，80 多封亲笔信。塞进寝室门缝的 80 多个信封里装进了新辅导员与学生之间真诚的心与心的交流，四万余字的“心语”打破了师生间的隔阂。她的学生们惊讶了感叹了，“在打开信封的那一刻，我觉得自己能成为歆玫姐的学生是幸福的……”

2006 年 9 月，歆玫姐代表全校辅导员在学校教师节大会上发言，她说：“一直以来，我都为自己在从事最幸福的职业而倍感珍惜，我想无论过了多少年，学生都是我幸福快乐的源泉，他们带给我勇气和希望。”今天，她告诉笔者，她并不是最有能力的，也不是最优秀的；幸运的是，她找到了最适合自己的舞台，这里有她可爱的学生们。

声声歆玫姐　桃李满天下

2010 年 9 月，歆玫姐迎来自己人生中的第十届学生，学生们依然叫她“歆玫姐”。10 年来，从 01 级到 10 级，学生们来了又走，走了又来，但他们的“歆玫姐”仍坚守在原地，此刻，歆玫姐正满面笑容地向笔者展示她办公桌上一大叠来自海内外的明信片，那是她的学生们在世界各地留学、旅行、生活时寄给他们最亲爱的“歆玫姐”的问候，美国、法国、丹麦；西藏、厦门、武汉……一声声来自远方的亲切问候，拉近了与歆玫姐之间的距离。她将她的学生们放在心里，而她也如家人般住进了学生们的心里。

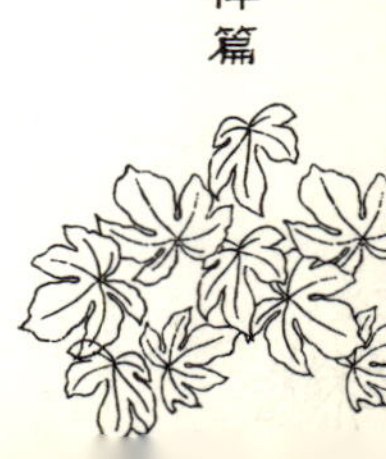

歆玫姐说，这10年来虽然也取得过一些荣誉，也收获了一点成绩，但也同样遇到过困难，所以她想由衷地感激那些陪她一路走来、给予她力量的学生们。她翻阅手机收件箱，一条条来自学生们的短信让她红了眼眶，“你若安好，便是晴天，姐”，这是已经毕业多年的学生对她的牵挂；“歆玫姐，没想到离别就在眼前，我们的故事未完待续”，这是毕业生与她的约定；“歆玫姐，我想很多人会和我一样，心存感激”，这是学生们真情实感的流露……此刻，笔者明白，学生带给她的点滴感动，她都好好留着，这是她的财富，是她工作的动力。师生彼此间细小的关怀与感动，她和学生们都倍加珍惜。

十年辅导员之路，沿途尽是芬芳。时间的车轮驶向前方，歆玫姐的故事仍在继续。

（原载于《浙江工商大学报》656期）

在我心里，一个优秀的辅导员，他应该是全体学生生活、学习和工作上的榜样。他所带的每一个班级都应该朝着自己既定的班级目标良性地发展，而他们又拥有各自的班级文化，普遍认同辅导员的生活态度和工作方式。一个真正优秀的辅导员应该是一本百科全书，对学生来说，他永远读不完而且值得永久珍藏。

无论过多少年，学生都是我幸福快乐的源泉，他们带给我勇气和希望。

——王歆玫

导读：

百善孝为先，殷殷赤子情。当别的孩子还在父母怀中享受和撒娇的时候，她已经担起了家庭的重担。照顾瘫痪在床的妈妈，想办法赚一点钱补贴家用，打理出一小块菜园……从4岁到大学，她一路这样走来，以并不高大的身躯书写了顶天立地的“孝”字。

孝　在坚持中闪光

——全国道德模范提名奖曹秋芳同学访谈

文/王　珏

出生满两个月时，她的母亲因医院的一次手术意外，引起压缩性椎管斜直，从此卧床不起；4岁，父亲外出打工，她挑起照顾母亲的重担；7岁，她同哥哥商量，在小学附近租了房子，决定“背”母亲上学，这一“背”就是十多年；15岁，考入东关中学的她第三次“背”着母亲上学，母亲的病情在她的不懈努力和精心照顾下慢慢好转……

这些常人无法想象的不幸不是出自小说或是电影，而是真真切切地发生在浙江工商大学2011级土地资源管理专业学生曹秋芳身上。秋芳的坚强与孝心，感动着身边的人，感动了中国。2010年，曹秋芳当选“浙江骄傲年度最具影响力人物”；2011年9月，她获得第三届全国道德模范提名奖；在由共青团中央、全国学联主办，《中国青年报》和高校传媒联盟承办的2011年度寻访“中国大学生自强之星”活动中，曹秋芳同学被评为“中国大学生自强之星”；2012年，她又获得“浙江省青少年学生道德榜样”荣誉称号。

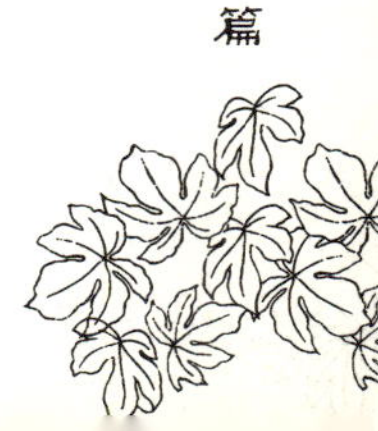

初见曹秋芳是在晚自习之后，瘦瘦小小的个子，淡淡的微笑透露着乐观与和善。这几天，她的生活可以说是非常忙碌，刚获得了全国道德模范提名奖，她每天都要接受许多媒体的采访，参加巡回报告等。她的事迹已被多家媒体报道，社会影响很大。

笔者问她是否习惯当名人的生活时，她说："我只想做个普通人。开学上课近一周，我因参加一些社会活动落了不少课，我要尽快把落下的课程补起来。"

照顾妈妈　早当家

4 岁，当很多孩子还不会自己刷牙、洗脸的时候，曹秋芳已经开始学着照顾妈妈了。回想起往事，秋芳说读小学之前的时光是最难熬的，照顾妈妈的艰辛要从打水说起。由于住在山区，那时家里还没通自来水，她只能每天提个小水桶去离家不远的小溪边打水。虽说小溪离家不远，但是路却非常陡，一不小心就会栽个跟头。那个时候年纪小，她每次都提不了多少水，每天要往返五次之多。用这些好不容易打来的水，秋芳给妈妈洗脸擦身，做饭做菜，洗衣服……

妈妈常年忍受病痛瘫痪在床，又缺乏运动，常常觉得身上很酸，她就学着给妈妈按摩，捶腿敲背，舒活筋骨。没有力气帮妈妈翻身，她就在妈妈身体一侧垫上叠好的被子，将妈妈身体一侧垫起，给妈妈擦背按摩。那段日子对秋芳来说是不分昼夜的忙碌，常常是在深夜时，妈妈身体难受得不行，她就赶忙起来给妈妈按摩、喂药。最无助的时候，就是看着妈妈掉眼泪，失去生活的希望，小秋芳也不知道怎么安慰妈妈，只能和妈妈一起哭。现在，长大了的秋芳变得坚强和自立了，她说："我不能没有妈妈，妈妈是我的精神支柱。我要变得强大，我要保护好妈妈。"

精打细算　撑起家

为了给妈妈治病，家里欠下了 10 多万元的债务，爸爸只好外出打工。秋芳和妈妈靠低保和残联补贴生活，每个月的生活费只有 400 元左右，这让秋芳用钱总是算了又算，生活开销也是减了又减。首先要保证妈妈的药费，然后是吃

饭，至于课外学习的书籍，她都是向同学或老师借的。每天，吃得最多的就是霉干菜，10 多年里基本没吃过荤菜，西红柿炒蛋算是最好的菜了。看着妈妈虚弱的身体，秋芳开始为怎样给妈妈增加营养着急。

办法总是有的。小学的时候，秋芳在校园里开辟了一小块地，打理起自己的小菜园。刚开始拿着锄头耕地的时候，因为没有力气，她觉得异常吃力。多亏学校里一位老大爷的帮忙，她的小菜园终于建了起来。青菜、白菜、茄子、番茄……什么季节该种什么蔬菜，秋芳心里都打着小算盘。种地虽然辛苦，但吃着自己种的菜，曹秋芳母女俩很满足。光节流还不行，她还尝试着去开源。因为要尽量待在妈妈身边，秋芳就把雨伞的零配件、手套布料拿到家里，没日没夜地干。缝一双手套只能赚 3 分多的加工费，天冷的时候，她的双手肿得像馒头，还会长冻疮。为了让妈妈开心，秋芳除了夜以继日地操劳外，每天晚上还陪着妈妈，说些学校里的事，还经常朗诵自己写的文章。

长期过度的劳累，差点让喜欢学习的曹秋芳辍学。那是 2004 年的毕业考试，上午考完语文后，同学们看到曹秋芳脸色苍白，忙送她回家。就在家门口，曹秋芳晕倒在地。事后一检查，医生说秋芳是劳累所致，加上营养不良，有贫血现象。

高中毕业的暑假，她每天都去离家不远的一家手机店打工。秋芳说，老板人很好，给了她不少的照顾。

进入大学　惦念家

在老师眼中，秋芳一直是个品学兼优的好学生。据秋芳的班主任老师回忆，秋芳拾金不昧的品质让人感动，她曾在厕所里两次拾到过钱，其中有一次是 200 元，她都主动交给了老师，最后找到了失主；秋芳富有爱心，乐于助人，上虞市章镇镇张村有户人家失火，她捐出了仅有的零用钱；只要有同学请教问题，她都不厌其烦地讲解，直至同学弄明白为止……

尽管要照顾妈妈，曹秋芳却一直没有放松学习，成绩一直在年级中出类拔萃。拿到浙江工商大学杭州商学院的录取通知书时，秋芳和妈妈可以说是喜忧参半。每年 10000 多元的学费让秋芳忧心忡忡。学校在得知曹秋芳的情况后非常重视，学校有关部门和学院的老师好几次打电话给秋芳，帮助秋芳解决上学的难题。在学校、上虞市政府等多方的帮助下，秋芳最终顺利地步入了“象牙

塔”。虽然新生开学已将近一个月的时间，她却还没有好好地感受大学生活。去北京参加全国道德模范的颁奖典礼，接受媒体的采访，在媒体的聚光灯下，秋芳并没有迷失自己，她明确自己要走的路，知道自己肩头的责任还很重。

一说起大学，她和其他新生一样兴奋，她希望自己的大学生活能过得精彩，并为此不断努力着。前不久，通过面试，曹秋芳成了学院土地资源研究协会的一员，她说大学生活才刚开始，她觉得大学充满了未知与期待。以前，照顾妈妈和学习占据了秋芳所有的生活。进入大学，为了给女儿更多学习的时间和与老师、同学相处的机会，妈妈决定和秋芳分开生活。“现在，妈妈虽然还不能弯腰，但是已经可以自己走路了，生活也能简单地自理了。每天我都会和妈妈通电话，一有空我就会去看她。我明白妈妈的苦心，她希望我能有自己的生活。”一说起妈妈，秋芳还是充满了担忧。

在采访接近尾声的时候，曹秋芳坦率地说：“这 10 多年的生活真的很苦，没有经历过的人根本就无法体会，但是现在熬过来了，我也不觉得这些经历有多惊心动魄。我坚持下来了，我为妈妈和自己感到高兴。感触最深的就是凡事都要靠自己，不能总是期待旁人能为自己分担多少。只要一步一个脚印去做，一切都会好起来的。”简单、朴实的话语，流露着秋芳的赤子之情，让人听了分外地感动。

（原载于《浙江工商大学报》633 期）

生活，有各种各样的无奈，但我们不应为此而怨天尤人。我相信只要怀着积极的心态去面对生活中的酸甜苦辣，总能走出自己的一片天空。在过去的日子里，我不想说我有多么的艰难，多么的无奈，多么的辛酸，我只想说我走过来了就是值得高兴的。生活贵在用心地对待每一天，用心地朝着自己心的方向努力。只要你坚持了，你就胜利了！所以，不论生活是什么样子的，只要坚持，只要用心，你就能收获你想收获的。

——曹秋芳

导读：

有一幅漫画，画面中立着的水鸟口衔一只青蛙，水鸟想把青蛙吞下去，青蛙却用前爪紧紧勒住水鸟的脖子，两个生灵在僵持着，看谁坚持得更久一些。漫画的名字叫“never ever give up”。

永不放弃，这不仅仅是对待生命的态度，它更是一种品质。

周琳燕就是具有这种品质的人，这种品质体现在她对学习、对运动、对照顾邻家老人一二年的点滴事迹中。

永不放弃

——记统计与数学学院学生周琳燕的爱心与坚持

文/何程成

周琳燕，浙江工商大学统计与数学学院2011级学生，齐刘海，黑长发，性格活泼，十分开朗，笑起来眼睛会眯成一条缝，脸上露出浅浅的酒窝。

周琳燕这样的学生在大学中并不少见，站在人群中她也许只是普普通通的一员，但听过她的故事的人都知道，这个女孩子小小的身躯里蕴藏着多么惊人的毅力。

跑步的时候我在想什么？

在很早的时候，周琳燕的毅力就慢慢成型了，这点可能连她自己都不知道，但一个个生动的故事，却都是极好的证明。

周琳燕不擅长跑步，但求学路上却似乎一直都少不了跑步。初中时候 45 分钟的越野跑，高中时候 1200 米的比赛，大学后又面临着 12 分钟的体质测验。

像多数女孩子一样，讲到跑步的时候周琳燕会小小地抱怨一下。初中时每次跑完 45 分钟的越野跑，接下来的课同学们都上得十分吃力，更何况是并不太擅长跑步的周琳燕。

高中的体育比赛，周琳燕却要挑战自己，报名参加了 1200 米长跑。对于耐力不好的人来说，长跑既是锻炼又是煎熬，但对于周琳燕来说，煎熬的成分放大了，锻炼的效果也更好了。比赛的时候，开始只觉得累，后来就仿佛麻木了，一切感觉都变得不那么敏锐，只有急促痛苦的呼吸声不停在耳边作祟，嘴里涌起浓浓的血腥味，两只脚像灌了铅，被大地牢牢吸住，只能吃力地机械运动。周琳燕硬撑着跑到了终点，随后便晕倒了。令人意想不到的是，第二天，周琳燕照原计划参加了跳高比赛，没什么能打乱她原本的计划。照她的话说："既然选择做了，就没有放弃的理由。"

大学体育课对学生的身体素质要求更高，这次，周琳燕要面临新的挑战——12 分钟长跑。考试那天，发生了谁都想不到的小意外，周琳燕在跑步中途摔倒了。长跑过程中，任何一次暂停，都不利于长跑的进行，更何况是摔倒。周琳燕描述着当时的情景，"摔倒之后，我又爬起来，接着跑。"身边的同学在周琳燕摔倒的时候冲在了她前面，但她没有灰心泄气，仍坚持完成考试，最终竟在 12 分钟内跑完了五圈多，这已经远远超出了考试所要求达到的标准。

不光是跑步，对待其他任何应该去做的事情，周琳燕都抱着同样的态度：坚持，坚持，再坚持！与坚强的意志同行，没有什么是战胜不了的。

缙云最美的风景线

高三那年在周琳燕的记忆中打下了深刻的烙印，用她自己的话来说，"如今看来，当时的一幕幕都恍如昨日，历历在目。"

可以想象一个为考取理想的高校而拼搏努力的学子的状态，周琳燕作为其中一员，过着典型的"三点一线"的生活，但她又比大多数的学子更加勤奋。备战时期的每一分一秒都十分宝贵，在有限的时间内，周琳燕所能做的就是把学习的时间充分利用，把休息的时间尽量压缩。每天早上五点十分，周琳燕就起床开始了一天的生活，简单的早餐过后，她的目的地就是教室，任务就是学习，

大多时候，周琳燕都是第一个到达教室的，规律的生活风雨无阻。

晚上自习之前，周琳燕总会朗读课文，为了不影响在教室自习的同学们，周琳燕把朗读的场所转移到了教学楼前广场的花圃附近。在那里，她不用担心打扰其他同学，可以尽情忘我地读书。时间久了，许多同学都被这个大胆坚持的女孩子所感染，渐渐有同学加入到周琳燕读书的行列中来，再后来，读书的同学越来越多，阵营越来越大，晚自习前的缙云花圃，总能传出朗朗的读书声。此情此景，被当时的缙云师生称作“缙云最美的风景线”。

周琳燕说：“我不算聪明，所以更要加倍地努力。”她有远大的目标，有心仪的高校，但备考并不会一帆风顺，大大小小的模拟考试总会有成功和失落。努力一时容易，努力一辈子不简单；坚持一天容易，坚持一整年却很难。每当想要放弃想要偷懒或者坚持不下去的时候，她都告诉自己：要咬牙挺住！

没有一刻想过要放弃

周琳燕家中住着一位十分特殊的老人，周琳燕叫他“爷爷”，周琳燕的父亲叫他“爸爸”；但事实上，老人姓张，与周家人并无血缘关系，只是住在周琳燕家的聋哑老人，而这一住，就是12年。

老人的事情要从很早的时候说起。那时，老人和周琳燕一家是同村的邻居，老人自幼聋哑又孤身一人，到了晚年，日子过得很是艰难。周琳燕一家人出于邻里乡亲之情，尽管当时自家的条件也不是很好，还是总会在老人需要的时候伸出援助之手，过年过节的时候，周家总会请老人来家中聚聚，时间久了，慢慢成了习惯。

2000年的中秋，老人没能像往常一样来周家做客，周家人担心，到老人家中一看，才发现老人已经卧床不起，虽然及时将老人送到医院使他脱离了危险，但至今想起来还让周琳燕后怕，于是她做了一个影响周家日后生活的决定：她请求爸爸将老人接到家中一起住。

老人就这么在周家住了下来，最初的邻里之情不经意中发展成了互相依靠的亲情。照顾一个上年纪的聋哑老人不容易，老人家身体不好，有时候还会有点小脾气，日子久了难免会出现摩擦。周琳燕就扮演起了家中的“和事佬”，她尽一切可能为家中每一个人带来好心情。平时有机会就和老人“聊天”，老人听不到也说不出，打着手语却也乐在其中。“我们用简单的手语交流，像吃饭、睡

觉等都没问题。”一边说一边做出吃饭和睡觉的手势，周琳燕笑得很开心。

上大学后，不管多忙，周琳燕一有空就打电话给家里，向父母询问老人的情况。2012 年初，老人被查出左腿患有动脉瘤，周琳燕一心希望老人早日康复，询问医生、上网求助，希望能找到使老人康复的办法。然而，办法终于找到了，一家人却又陷入了为难之中，老人的腿需要截肢。周琳燕和父母再三地劝老人接受治疗，老人却想着不能再拖累周家，一再拒绝，这样一来二去，老人的病情急速恶化。清明的时候，周琳燕本打算留在学校，但听说了老人的状况，还是毫不犹豫地回了家。讲到当时的情形，周琳燕一直笑眯眯的眼睛里盈满了泪，回去的时候做了最坏的打算，想着不管怎样都要见最后一面。

周琳燕对老人的感情早已不是邻居关系那么简单，在周琳燕眼里，老人是亲人，是爷爷，是不能缺少的家庭成员。过年的时候，老人生病住院，周琳燕一家十几年来第一次三个人过年，少了老人，周琳燕心里很不是滋味。12 年，与老人共处的生活有甜有苦，很多时候要兼顾自己的学业，又要帮忙照顾老人，但周琳燕说：“我们一刻都没有想过要放弃爷爷，一刻都没有。”

有人说，大爱是无声的，周琳燕对一位陌生老人的爱值得我们每一个人学习，更难能可贵的是周琳燕的坚持。整整 12 年的不离不弃，对于大人来说都是挑战，更何况是个学生。周琳燕的品质已经不能用友爱来形容，从向父母提议把老人接回家的那一刻起，周琳燕就选择了一种责任，更选择了一份坚持！

一天，一个月，一年，十二年……

在周琳燕的生活中，坚持早已成了一种习惯，无论是生活还是学习，无论对自己还是别人，她都始终以一种可贵的坚持去对待。周琳燕的故事还在继续，那绝对是比 12 年要漫长得多的时间，但我们能大胆地预测这个女孩子的未来，凭着爱与坚持，她一定会做出更多让我们感动的事情。

> 常常对自己说一切都是最好的安排，心怀感激地去生活，去学习，然后，不经意间总能看到很多花开的美丽。就像雨后初霁，清新淡然。喜欢这么简简单单的生活，简简单单地微笑或是大笑。
>
> ——周琳燕

新竹高于旧竹枝
——素质培养篇

在高校，素质教育越来越受到重视。学生应以学业为重，但不能只盯着书本和教室，学校必须大力拓展第二课堂，大力培养学生的综合素质。这已成为当今社会的共识。

本辑『素质培养』篇里为大家展示的，就是在第一课堂之外默默为素质教育做着贡献的老师们，也有注重提高自身综合素养的莘莘学子。

清朝诗人郑燮在《新竹》一诗中说：『新竹高于旧竹枝，全凭老干来扶持』，这些可敬的老师们就是那扶持新竹的老枝干，『新竹高于旧竹枝』，既是老师们的动力源泉，也是素质教育结出的硕果。

导读：

合唱，让很多人的声音成为一个声音。

指引合唱，让很多颗心凝聚为一颗心。

齐心合力，他们夺取了全国大学生艺术展演合唱一等奖。

乘着歌声的翅膀，愿合唱团在艺术上取得更大的辉煌。

乘着歌声的翅膀

——校艺术教研室邹丽霞老师与学生合唱团的故事

文/秋　秋　方　草

她是充满激情的指挥者，带领她的团队站在偌大的舞台上；她是一丝不苟的声乐老师，指引她的学生用科学的发声方法、正确的声音理念歌唱；她是可亲可爱的带队老师，鼓舞她的学生们呈现最自信的笑脸。她就是浙江工商大学艺术教研室的邹丽霞老师。

十一年前，她来到了浙商大艺术教研室，组建了浙江工商大学学生合唱团，任常任指挥和声乐指导。从此，在学校的艺术团排练厅总有一个柔弱的身影，在别人休息的课间、周末，在学校的声乐课堂上、“五四”、“一二・九”文艺汇演、青春大舞台社会下乡演出等各种文艺活动中，她总是那个站在最前沿、最忙碌的人。

功夫不负有心人。捷报传来，邹丽霞老师率浙江工商大学学生合唱团在最近结束的第三届全国大学生艺术展演中喜获合唱一等奖。这是浙江工商大学学生合唱团在全国大学生艺术展演中获得的历史最好成绩。

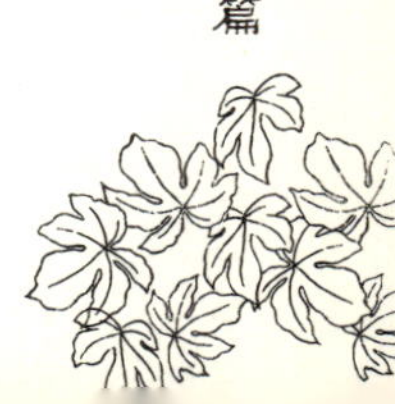

宝剑锋从磨砺出

“台上一分钟，台下十年功”，个中滋味却是很少有人能够体会。在一项项荣誉的背后，是邹老师和她的合唱团坚持不懈的努力，那是一张张不知凝结了多少汗水和泪水的证书。

合唱远没有常人想象的那么简单。这是一种要求严格、技巧较丰富的高级声乐艺术，它的协调必须具备音量、音色和音准三种因素。每个团员不仅要用心唱好自己的声部，更要倾听其他声部的声音，把每个声音融合在整个团队里，才能正确诠释作品的思想内涵。这需要很久的磨合才行。

从 2009 年的浙江省“托马斯”杯首届大学生合唱比赛、2010 年第六届世界合唱比赛，到 2011 年浙江省第三届大学生艺术展演、2012 年的全国第三届大学生艺术展演，邹老师和她的团队几乎是连续作战，除了时间的紧迫之外，各种困难也是接踵而至。合唱团的成员刚刚成为团里的中坚力量，却又要面临毕业、考研等问题；新团员规范的声音概念、发声技巧及声音感觉的培养需要花费很大的功夫。她从未一筹不展，而是不厌其烦地拉住每一位同学的手，耐心地扶着他们往前走。她说，因为她知道，除了不断地付出爱、付出艰辛，没有更好的办法。

学校公休、节假日、寒假、暑假，这些本该休息的时间，邹老师却献给了合唱排练，她说：“学生们放弃了休息时间坚守在排练厅，作为指导老师的我怎能不义无反顾?”然而，这义无反顾的背后却承载着旁人无法想象的压力，邹老师直言，有时她自己都不知道是怎样与学生们度过那些日子的。酷暑、严寒，那些近乎是黑色的艰辛日子里倾注了邹老师和她的合唱团太多的心血与汗水。

这次参加全国大学生艺术展演的 47 支合唱团水平普遍很高，北大、人大、复旦等“985”、“211”院校都有较好的艺术特长生招生条件，每年的生源稳定，竞争相当激烈。浙江工商大学合唱团要想在这样的竞争中取得佳绩，只有努力、努力、再努力，付出、付出、再付出！为了将两首参赛曲目唱好，每一个乐段、每一个乐句、每一个字都要经过无数次枯燥的反复练习。邹老师带领校合唱团不辞辛苦，不厌其烦，为了同一个目标竭尽全力。

辛勤汗水的浇灌换来了艺术之花的盛开。2012 年 2 月 8 日晚，在杭州大剧院举行的全国第三届大学生艺术展演声乐比赛的现场，浙江工商大学学生合唱

团演唱的《她像那燕子》及《大江东去》不负众望，得到了评委的一致肯定，荣获了全国一等奖。

不一样的师生情

此次全国第三届大学生艺术展演，先后持续一年，整个过程经过四次比赛。2011 年 3—7 月为第一阶段，录制光碟参加省里比赛。那时候，正赶上学生期末考试，当其他学生考完兴高采烈地回家时，校大学生合唱团却立即进入了集训阶段。大家都有一个强烈的共同信念："这里没有我，只有我们"。在这一阶段，邹老师和合唱团的学生们边进行基础训练边构思浏览参赛作品，克服困难，加班加点，顺利获得了进入全省现场决赛的资格。8—10 月的第二阶段为省大艺展现场决赛，校大学生合唱团以声部平衡、音色纯正、细腻动人的演绎打动了评委，获得了全省一等奖。在 10—12 月的第三阶段即全国录像评比阶段中，校合唱团再传佳音，顺利晋级全国现场决赛。2011 年 12 月—2012 年 2 月是最艰辛的全国现场展演阶段，当其他师生都在家里享受春节的浓浓温情时，邹老师和校合唱团的学生们却依然战斗在一起，没有抱怨，没有懈怠，有的只是师生间的信任与默契……

2012 年新年的钟声敲响，仿佛也吹响了校大学生合唱团的集合令。他们克服春运时交通的困难，忍受寒冷，从全国的四面八方来到冷清的校园，进行无比辛苦的集训。队员李扎西草和其他几个大四的学生当时都已在家参加实习，但他们毫不犹豫，克服各种困难，按时回校排练。在回忆起当时一个学生给她发的短信时，邹老师至今都难以平息自己内心无限的感动。"老师又要辛苦了，我已买好了明天回来的火车票，你晚上早点休息，养精蓄锐，这是我们师生间最后的并肩战斗。"当时她的泪水便夺眶而出。邹老师说，合唱团中的有些同学是作为替补队员参加训练的，他们明明知道有可能上不了赛场，但仍然按时返校参加排练，就是为了预防万一。因为他们始终觉得合唱团是自己的家，为大家，即使上不了赛场，他们依然愿意和老师、兄弟姐妹们并肩战斗到最后的一刻。

邹老师与团队成员们一路走来，结下了深厚的友谊。排练时，她是一丝不苟的严师；排练间隙，她又宛如母亲，关怀备至，"安静""休息"的指令虽带有命令式的口吻，却饱含邹老师的关爱之情。而她的学生们则像听话的孩子，各自安静下来闭目养神。决赛的舞台上，邹老师与她的学生们更是并肩战斗的战

友，站在指挥台上时，邹老师往往面带微笑示意她可爱的学生们，向他们传递——“你们是最棒的！”

世间最幸福的人

谈及邹老师对工作的感受，她说了这样一句话：“辛苦并快乐着，我是世间最幸福的人。”11 年的坚持需要的不仅仅是毅力，更是她与她的学生之间相互的爱与理解。

在排练过程中，由于合唱团的团员毕竟不是音乐专业学生，也不是音乐特长生，虽然平时训练已经尽了最大努力，但经过寒假及期末考试，学生们的声音状态及音乐感觉就会出现问题，很难立即恢复。此时，临近比赛，邹老师心里很着急，她坦言说自己在排练中忍不住会发火，但让她备感欣慰的是，学生们是如此地理解和体谅她，他们默默地接受老师的批评，没有任何消极的情绪。那段时间，他们中有的在发烧打着点滴，可为了不影响排练，他们依然坚守在自己的位置上。邹老师说自己为拥有这样的学生而自豪和欣慰，正是这群无私奉献的孩子给予了她勇往直前的信念。她说，排练的确很累，但她从不后悔，不仅是因为取得这样的好成绩，更因为有无怨无悔的优秀学生。

至今让邹老师久久无法忘怀的是全国大艺展刚比完的那一刻，当校大学生合唱团以平衡的声部、纯正的音色、细腻的处理、较完美的表现走到比赛的后台时，队员们都激动得泪流满面，相互拥抱。他们第一句话就是期许地问：“邹老师，我们唱得怎么样？”而此时让邹老师骄傲的是，她可以坚定地说：“亲爱的，我为你们而骄傲”。随后队员们争先恐后地拥进了邹老师的怀抱，那一刻，她说自己终于可以和队员们一起释放了。师生们紧紧相拥，任凭泪水宣泄，这一刻他们都等了太久太久。邹老师深情地说：“那一刻我是世间最幸福的人。”

结束语

在整个访谈过程中，邹老师说每当回忆起那些他们共同经历的日子，她都难以抑制内心的感动。我想，有这样深爱学生的一位老师，她的学生们也一定

如她爱他们一样深爱着她，深爱着属于他们的那个“家园”——校大学生合唱团。我们真心地祝福校大学生合唱团在邹丽霞老师的带领下能够乘着歌声的翅膀，飞得更高、更远。

（原载于《浙江工商大学报》647 期）

爱岗敬业，辛苦并快乐着。多年的坚持需要的不仅仅是毅力，更是我与我的学生之间相互的爱与理解。我的工作就是与学生一起歌唱，一起徜徉在美妙的音乐中。不仅为了比赛获奖，也为了学生的成长成才。

合唱是集体艺术，成功是集体智慧的结晶，感谢学校领导的支持和关怀，感谢虚心好学的同学们积极的配合和艰辛的付出！大赛令人终生受益的不是大奖而是知识与经验，我会把这些经验贯穿于今后的教学中，使商大的合唱教学更上一层楼！

——邹丽霞

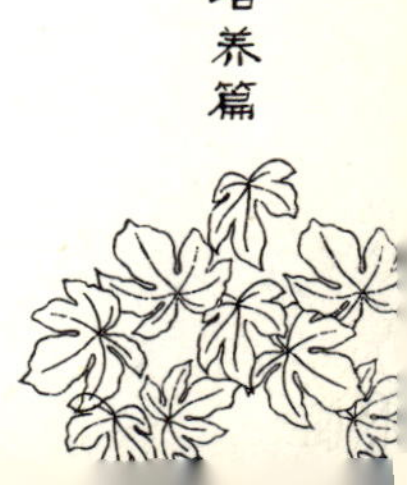

导读：

热爱艺术，热爱创作，热爱舞蹈，热爱学生……他被学生们当作“哥们”。

他们一起排练，排除万难，用舞蹈演绎青春的旋律和对生活的热爱。

听屠老师讲他和舞蹈队的故事

——访全国第三届大学生艺术展演获奖作品指导老师屠锋锋

文/黄文康

“我是一个舞蹈疯子，享受舞蹈，乐在其中。”——这是浙江工商大学艺术教研室屠锋锋老师在新浪微博上的签名。

屠锋锋，2009年7月成为校艺术教研室的一名老师，目前负责校“五四文艺汇演”“一二·九文艺汇演”等大学生群艺活动，同时担任艺术团舞蹈队的指导老师。在2011年的浙江省第三届大学生艺术展演活动中，浙江工商大学作为参赛学校里唯一一所没有音乐、舞蹈专业学生的高校，他创作的《书伴我同行》《那个年代》两个舞蹈双双摘得艺术表演类节目一等奖的桂冠。2012年2月，由教育部和浙江省人民政府主办的全国第三届大学生艺术展演活动在杭州闭幕，屠锋锋老师指导的反映当代大学生校园生活的舞蹈《书伴我同行》获舞蹈甲组一等奖及优秀创作奖。

记者来到屠老师的办公室，恰逢一些舞蹈队的成员在与屠老师欢快地交谈，屠老师笑着说：“这些都是我哥们。”早就知道屠锋锋老师在艺术团内备受学生喜爱，一见更是信然。

面对省艺术展演中的优异成绩，记者不禁想问，作为一名创作者，他创作的

灵感来自哪里？作为一名舞蹈老师，他如何指导学生完成舞蹈编排？作为一个“哥们”，他与舞蹈队成员之间又有着怎样的情谊？健谈的屠老师娓娓道来，为我们呈现了一个立体的自己。

当屠锋锋是个创作者

屠锋锋老师最先学的是乐器，此后“被很多舞蹈感动”，认为舞蹈更加能够表达自己的思想和情感，便与舞蹈结缘。

曾经，屠锋锋的老师说：“人们为何不能用审美的眼光看待艺术和文化？”今天，屠锋锋对这话有了自己的理解：“舞蹈，体现了对艺术的一种敏感度，是艺术最直接最奔放的展现，它不仅仅是视觉上的东西。像我现在看舞蹈，不会去看舞蹈的肢体动作，更多的是看情感上的东西。”

基于对舞蹈的这种理解，屠老师善于从情感着手创作作品，《书伴我同行》的创作便是如此。2009 年的冬天下了一场雪，屠老师在行政楼 12 楼拍了一张图书馆前时钟的照片。“当时我有一个想法：很多人可以在图书馆里待上一整天，时钟不停地走，在时间的长河里，有书为伴是多么的幸福，所以作品名就叫《书伴我同行》。作品展现当代大学生勤奋学习、积极向上、青春洋溢的精神风貌。”从一张照片获取灵感促成了一个舞蹈作品的产生，足见屠老师对艺术题材的敏感。

屠老师热爱大学，他认为大学里最吸引他的是学生的思想。“‘90 后’的学生很有自己的个性，艺术需要个性的张扬和思想的创新，在大学里与‘90 后’思想碰撞，对创作来说非常好。”

认识屠老师的人在描述他时，大多用了“随性、自然、独立、自由”这样的词汇，而这些词汇似乎就应该放在创作者身上。屠老师喜欢交一些热爱艺术的朋友，与他们交流沟通，互相切磋。他还喜欢收藏音乐，喜欢摄影，喜欢有个性且年代久远的小玩物。就像他所相信的那样：“我一直认为，艺术是相通的。音乐和摄影都能给我灵感。”

在具体落实到创作对象的时候，屠老师表示创作的过程是非常艰辛的。“像创作这两个作品，特别是给我们业余的同学创作，有一些动作我是想得到做得到的，但他们做不到；或者说只有一部分同学可以做得到。在设计动作上面，要兼顾他们的能力，这是很难的。”

但屠老师也有解决困难的办法——放空自己。“创作需要安静的氛围。我昨天晚上刚从桐庐回来，就是去那边放空自己。”

当屠锋锋是个舞蹈老师

《书伴我同行》《那个年代》两个作品在舞蹈队成员的演绎下赢得了大学生艺术展演评委们的一致好评，甚至评委在做整场表演赛的总结时，都不忘提到这两个节目。之前“台上一分钟，台下十年功”也许只是一句套话，听完屠老师讲述舞蹈队的训练过程后，方知这句话的分量。

《书伴我同行》节目于 2010 年创作，艺术团教研室的老师花了大量精力时间进行修改和编排。从今年 3 月份开始，舞蹈队便开始排练。舞蹈队排练遇到最大的困难便是时间问题，屠老师几乎把所有能利用的时间都拿来排练节目了，“在排练百年校庆晚会的同时，也在排练这个”。有些同学下午 16:15 下课，16:30 参加排练，18:00 点结束之后，又要匆匆赶去上晚上 18:30 的课。“我有的时候还不是很准时练到 18:00 点就结束，往往还拖一会儿，很多同学都是直接啃着面包当晚餐了。一周里就周六给大家休息一天，周日又组织排练。”

如此大的负荷，可以想象舞蹈队的成员是背负了多大的压力，付出了多大的艰辛。正当记者困惑于如何能让每个成员都来参加排练，屠老师答道：“我一直强调凝聚力和团队作战精神。一个人不来，会影响其他的同学。我们舞蹈队的同学很优秀，克服了很多困难。”舞蹈队的凝聚力，在暑期集训时也得到了加强。本次参加浙江省大学生艺术展演的同学全部留在学校里，参加从 6 月 24 日开始到 7 月 15 日结束的集训。六月酷暑，舞蹈队的成员从早上 9:00 点一直排练到 21:00 点，午饭就在排练场里一起吃快餐，午觉就躺在排练场的棉垫上补个觉，醒来就接着练。

凝聚力是舞蹈团队克服困难的强大动力，而这来源也和屠老师的教学方法有直接关系。“我和学生在一起，更多的是互相交流，互相学习。在舞蹈里面情感非常重要，因为我们学校的学生不是舞蹈专业，做不了技巧性很强的舞蹈动作，所以需要我们的作品里面饱含情感。”

作品《那个年代》表现的是“五四”学生运动，反映学生对社会和外来侵略者的抗争，于巨大压抑中迸发的激情，传递出爱国的思想，很有张力。“在现场表演的时候非常感人，演员们的情感非常充沛，有些学生现场表演的时候都哭了。

如果一个演员在表演的时候哭了，内心那得需要多大的震撼力！”

屠老师给学生强调的是“美学的思想，生活的感悟，对美的认识，内心的宁静”，而不是比赛拿名次，“因为艺术有时候是无法衡量的，跑步可以用快慢衡量，而艺术是没有固定标准的。对老师来说，就是给学生传递理念，让他们勇敢去欣赏、接受、感悟艺术给予的情感，包括对思想上的引领，包括审美观的变化。”

现在谈起，屠老师表示对学生很感激，“对于非专业的学生来说，能够牺牲这么长的时间，真的非常感谢他们，给我一个创作的机会。”

比赛结束之后，对《那个年代》情有独钟的屠老师在人人网上写了这样一段话：那个年代，风起云涌；那个年代，群英荟萃；那个年代，理想高远；那个年代，奋力拼搏；这个年代，青春共舞；这个年代，志存高远；这个年代，雄鹰奋起；这个年代，是属于我们的。

当屠锋锋是个“哥们”

“我不知道有些大四的同学为什么要留在团队里，他们可能真的很喜欢我们这个团队，也可能是他们很喜欢舞蹈，或者是因为我很有魅力。”当然是句玩笑的话，但也形容得恰到好处。舞蹈队成员在参加本次大学生艺术展演前，在聊天群里提及此事，很多大四的、甚至已经毕业的舞蹈队成员闻讯后，在展演当天都赶到了现场观看比赛。我想，这样的氛围是非常难能可贵的，而这可能也已经超出了“凝聚力”这样简单的说法。

屠锋锋会为学生拍一些照片，用来记录排练时的场景，在采访的时候，他也向记者展示了一些照片。“我在排练的时候都不怎么休息，我希望在有限的时间里，给学生更多的东西。排练的时候他们特别累，一场舞排下来，女生的膝盖有些都乌青了”，在回忆起暑期集训那段艰苦的日子时，屠锋锋淡淡地说，“我是个很随意的人，他们有什么事情都会找我，但是他们从不叫累。”

“学生牺牲暑假的时间，排练这么辛苦都没有什么怨言，所以我也愿意为他们创作节目。很多时候学生能够感染老师。每一次比赛结束的时候，舞蹈团的成员都是热泪盈眶的，这种从内心迸发的情感，最令我感动。”一场大型比赛结束的时候，屠锋锋会最后一个进入休息室，然后对着舞蹈队的成员们说一句表扬的话，2010 年的舞蹈节上说的是“你们是最棒的”，2011 年的艺术展演上说的

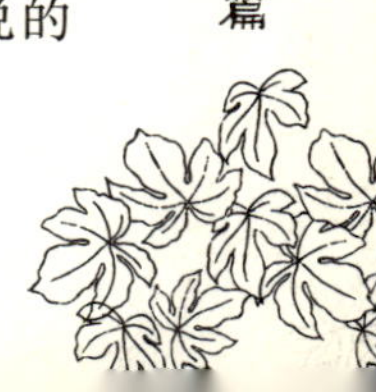

是“地球人无法阻止你们了”，这是他的风格，这是作为一个指导老师对舞蹈队成员的无限深情。

面对成绩和荣誉，屠老师淡淡一笑，他说：“是团队队员们齐心协力、不怕吃苦，才取得了优异的成绩，所以荣誉是属于他们的。我相信，在今后的日子里，我们的团队会有更加精彩的表现。”

（原载于《浙江工商大学报》638 期）

用舞蹈、用青春，编织出岁月的美丽；用激情、用热血，创造这片属于舞蹈团的天地……百余平方米的排练厅充满了酸甜苦辣，我的生活却始终有舞蹈相伴。舞蹈团师生为集体倾注了大量的心血，终于盼来了“全国一等奖”，我为这个集体备感骄傲和自豪。经历了三度的花开花落，我也更加坚信了一个道理——有付出才有收获。

舞蹈让我们相聚，有感动，有汗水，有泪水，但是我们一起收获更多的是幸福，是关怀，是爱。而我清楚地知道，现在绝不是舞蹈团的巅峰，这个集体必然会走得更远、更坚定。

——屠锋锋

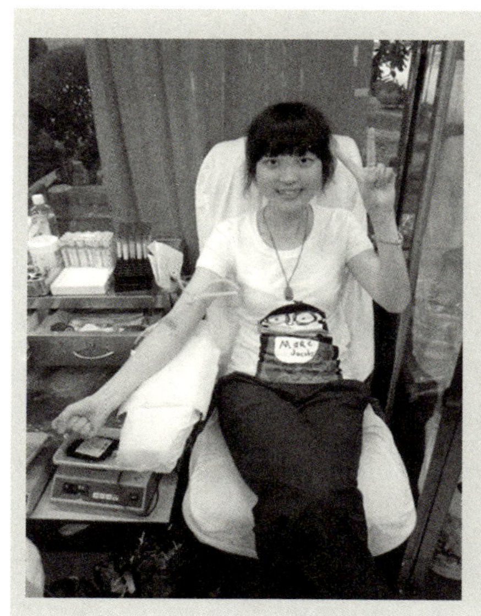

导读：

外表文静美丽，如蓓蕾初绽；内心热忱善良，比花朵更美。

她，是美丽而"专业"的志愿者。说她专业，是因为三年期间她参加了100余项志愿服务活动，每一次活动她都用心去做。

到边远山村支教，播种下希望；印度之行圆了她的梦，她终于成了一名国际志愿者……

董佳蕾，她以实际行动为志愿者精神做了精彩的注解。

美丽而"专业"的志愿者女孩

——记杭州商学院青年志愿者服务队队长董佳蕾

文/树　啡

这是浙江工商大学杭州商学院营销09乙班的一名普通女孩子——董佳蕾，这个年轻的"90后"，在20岁时就加入了中国共产党。大学三年，她参加了100余项志愿服务活动，志愿服务时数达368小时，她不仅参加了杭州国际马拉松、西湖烟花大会、全国第八届残疾人运动会等大型志愿服务，还组织开展"关爱民工子女"志愿服务活动，关心关爱智障、留守儿童，资助贫困学生。她被身边的同学亲切地称呼为"雷锋队长"。2012年初，她赴印度参加国际志愿者艾滋病调研服务活动。这个外表美丽文静、如花绽放的女孩，内心里流淌着浓浓的爱和如火的激情。

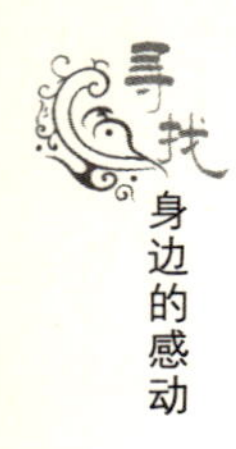

丽水支教　播种希望

“被需要是一种快乐!”这是董佳蕾的志愿感言。

2011 年的暑期,董佳蕾策划和组织 20 多名志愿者走进丽水市庆元县荷地镇偏远山区进行了长达 20 余天的“丽水支教”活动,她本人正是这次活动的负责人。当志愿者们在荷地镇中心小学开展招生工作时,家长们一大早就带着孩子在校门口等着,原本不打算招收低年级班,但是挡不住家长们的热情和期待,从原本计划的 5 个班级,扩展到了 6 个。教室里没有凳子,坐不下,家长们就连忙从家里拿来凳子……就是这样,针对 150 多名孩子的暑期教学正式启动。他们每天上午正课教学,下午一节兴趣课,再是一个活动。他们策划了很多关于时事或者有益于孩子身心发展的活动。例如,“模拟法庭,趣味学法”“埋下种子,展望未来”“假如我是残疾人——小小运动会”“惜地球之水,绘心中所想”等。这些活动在给孩子带去乐趣的同时,也让他们学会了很多。

她曾步行 1 个多小时山路,去荷地镇最偏远的一个山村马家地进行家访,这里要比荷地镇上穷很多,没有集市,只有分散的一户户人家,门口是农田,种香菇的棚,那座处在山路尽头阴暗潮湿、终年不进阳光的房屋让她至今难以忘怀。当她把东山弄老党员捐助的 300 元钱以及自己捐的 500 元交到孩子父母手里时,他们不停地道谢。丽水支教的最后一天,被捐助家庭的三个孩子都赶来送行,她哭着对他们承诺下一个 7 月,一定会再回去看他们。这次经历让她懂得了做一个志愿者的意义以及那种“赠人玫瑰,手留余香”的快乐。“丽水支教”活动得到《浙江日报》《钱江晚报》《今日早报》《浙江工人日报》、人民网、新华社、中新网等几十家媒体报道。在她的带领下,“丽水支教”实践团队获得浙江省大中专暑期文化科技卫生“三下乡”社会实践活动优秀团队、杭州市大学生暑期实践先进集体等称号。董佳蕾本人也获得了杭州市暑期社会实践先进个人荣誉称号。

志愿于心　服务于行

2009 年 9 月,董佳蕾光荣地成为了杭州商学院青年志愿者服务队活动部

的一名干事。从小到大，她都很喜欢公益活动。因此，进入大学后，她毫不犹豫地加入了青年志愿者的队伍。

刚进青志的她，写出的活动策划没有新意，不能被接受，难免会有一丝挫折感，但经过慢慢锻炼，她学会了很多，包括写一份好的策划、带好活动等。虽然青志平时活动比较忙，但她却乐在其中，因为她热爱志愿服务，当看到那些受到他们帮助的人绽开的笑容，一身的疲惫就变得微不足道了。“衣＋衣＝爱”是董佳蕾从《杭州日报》上看到的新闻，也是第一个从策划到实施全部由她负责的活动，在活动圆满结束时，她心里有着说不出来的快乐。

第二学期，从干事变成了部长助理，这时，她觉得自己更多了一份责任，渐渐地从一开始的不习惯到后来适应这种角色的转换。大学生活变得更加忙碌了，但她乐此不疲，她自己又负责了几个比较大型的活动，例如安贤园的“黄丝带在心中”活动，“迎世博，扬五四精神，寻感恩之心”校内献血活动，从中渐渐积累了更多的经验。她自己联系到的“世界读书日”活动也举办得很成功，并获得了《青年时报》的报道。

再后来，董佳蕾成为了杭商院青志服务队活动部的部长，她所面对的不再是自己能不能参与活动的问题，而是怎么去协调好整个部门开展工作。董佳蕾是一个不服输不畏难的人，她希望她带出的部门是最好的，为此，她努力地调整自己，给自己施加压力，让自己不断进步，并时时处处以身作则。看着新干事们第一次自己做的志愿活动“我是低碳族”圆满成功后，她感到很欣慰。在进行每次活动时，董佳蕾都会耐心地指导经验不足的干事们。她会让他们分组写策划，并认真看他们的策划，指出不足之处，提出切实可行的建议。她仔细地看他们写的总结，并给每个人回复一段鼓励的话，只希望他们能一直保持这份热情。2010 年 10 月 30 日，董佳蕾负责了一个比较大的活动——花港观鱼“小包裹、大爱心”。这个活动是与中国扶贫基金会合作的一个活动，活动当天整整站了 7 个小时，但是当看到游客们纷纷为贫困地区的孩子献出爱心时，她心里满满的都是感动，因为人间自有真情在，活动当天为贫困地区孩子募集到善款 5400 元，钱虽然不多，却代表着一片真情。

在董佳蕾看来，青志的宗旨就是奉献，他们所做的一切都应该是为了能帮助到更多的人，她会始终为此而努力。

克服困难　圆梦印度

成为一名国际志愿者是她一直的梦想，2011 年 11 月，她通过浙大 AIESEC（国际经济学商学学生联合会）的面试，加入了由印度孟买当地的一个 NGO 组织发起的“SMILE”计划，该计划是针对处在青春期的学生做的调研活动。

董佳蕾和志愿者们走访了 10 所学校，将男女学生分开做调研，在医生对学生讲解青春期生理知识和艾滋病防治知识前后，志愿者们分别给学生分发一份问卷，并会对这两份问卷进行对比分析。从现场反应看，这类讲座对于处在发育期的青少年意义很大，能帮助他们了解自己在这个特殊时期生理心理的变化，以正确而不是畏惧回避的态度面对变化。近几年，艾滋病在印度快速传播，在学生群体中普及防治艾滋病知识能让他们更好地树立自我保护意识，远离艾滋病。后期，董佳蕾和志愿者们会将每个学校的问卷数据统计分析，交给医生，以便他们可以根据调研结果制定下一步工作计划。除此之外，董佳蕾等志愿者们给两所学校的学生做了中国文化的展示，涵盖了中国历史、语言、饮食、旅游等方面的内容。

在两个多月时间里，董佳蕾克服重重困难，总是面带微笑完成志愿活动，不仅给当地青少年做关于青春期生理知识的培训，给贫民窟的孩子教授英语，还积极宣传预防艾滋病的知识，同时宣扬中国优秀传统文化。董佳蕾的国际志愿者经历得到了《钱江晚报》的封面人物报道，鼓舞了更多大学生加入到志愿者的行列。

脚踏实地　不断追求

董佳蕾不仅在各种活动中表现优秀，在学习上也毫不松懈。她努力平衡工作与学习的时间，做到在学习时就全心全意投入。大学期间，她曾获得一等奖学金、二等奖学金，每学年都被评为“三好学生”“优秀团干部”。

2012 年 5 月，董佳蕾又筹备成立了“杭商院公益金”项目，公益金来自收集废报纸、塑料瓶换回的钱以及社会募捐，用于贫困助学。她还希望去西部支教，

她想要用自己的力量去贫困山区建立图书馆，让知识改变贫困山区孩子的命运。也许，这些还比较遥远，但是她会为了自己的梦想而努力奋斗，在志愿者的道路上，她的脚步永不停歇……

董佳蕾，一个普通的女孩，用自己的行动诠释了志愿者精神，让奉献成为了一种习惯！

（原载于《浙江工商大学报》555 期）

志愿者，一个简单的称号，我一直用心体味它丰富的含义。“丽水支教”让我看到了贫富差距，也从孩子们那里学会了乐观，学会了隐忍，学会了坚强。“私奔”印度，是我等待了三年的梦想，这场勇敢的追梦旅程，让我明白了太多太多的人等待着我们的帮助。

我所感受到的最平凡简单的幸福便是：挑一盏灯，将心照亮，照亮所有擦肩而过的人，同时也照亮自己！

——董佳蕾

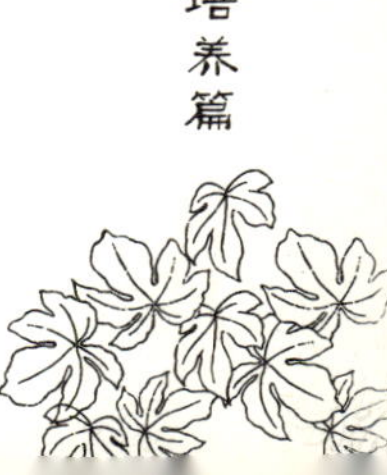

导读：

做义务导游很辛苦，但也能品味到很多快乐——帮助别人的快乐，被别人需要和尊重的快乐。

钟菊文就是“90后”快乐义导中的一名，一拨又一拨义导奉献着，服务着，人在换，但志愿者精神却代代相传。

“90后”义导的快乐生活

——旅游与城市管理学院钟菊文和她的同伴们义导活动掠影

文/沈徐庄

在浙江工商大学旅游与城市管理学院流传着这样一种说法：没有人没做过义务导游。因为旅游学院的学子都觉得没做过义务导游的大学生活是不完整的。

当我们见到她时，她正在与同学们商量着关于下次义导活动事宜。

在过去的一年多时间里，她利用课余时间和同学们一起组织参与了多次义务导游活动，得到了海内外众多素不相识的游客的一致好评。不仅如此，旅游与城市管理学院义导服务队还和灵隐寺、岳王庙等景区建立了长期合作关系，义导服务在那里已经坚持了整整17年，服务游客超过2万余人。他们用实际行动践行着当代雷锋精神，并影响感染着身边其他同学，越来越多的旅游学子加入了他们的阵营，雷锋精神在这些“90后”义导的身上熠熠生辉……

故地重游的意外邂逅

她叫钟菊文，是旅游1001班的一名普通大学生。

去年五一，她在灵隐寺当义导，遇到4名来自湖北武汉的游客，他们是两对年轻夫妇，当他们看到义导时，非常兴奋，激动地走向服务台，希望服务台能安排义导给他们讲解。

在讲解过程中，她才得知，原来在3年前，他们一行4人慕名从湖北来到灵隐寺祈福，途中偶遇旅游学院的学子，并且体验了他们的义务讲解服务，这一经历给他们留下了美好而难忘的回忆。3年后，当他们再度踏上这片熟悉的土地时，当年的两对情侣已各自组建了幸福的家庭，并且快要为人父母了。巧的是，他们这次又遇到了旅游学院的学子们，那是一种多么温馨而亲切的感受。不过，当年服务他们的"80后"义导现在已经变成"90后"义导了。

虽然提供义导服务的队员换了一批又一批，但是这种服务他人的精神却被延续了下来。

讲解完毕，她们共同合影留念，定格在画面上的游客都露出了灿烂与激动的笑容，高高地竖起了大拇指。"每次看到这张照片，我都会感动良久。这不仅仅是对我义导工作的肯定，更是对义导奉献精神的赞赏与支持，是令我不断坚持下去的强大动力！"钟菊文动情地诉说着。

一下子变成了"小菩萨"

同样是在灵隐寺，钟菊文还接待过一名来自江苏的老奶奶。

老奶奶是一名虔诚的佛教徒，每看到一尊佛像，都要跪下来叩拜。当钟菊文进行讲解的时候，老奶奶总是会全神贯注地倾听，并且一直都紧紧握着她的手，称她为"小菩萨"。这让她有些受宠若惊，因为她不曾想过自己的举动能给老奶奶带来这么大的触动。但在老奶奶的心目中，这是她表达满心感谢的一种方式。就在老奶奶离开杭州的那天，她给钟菊文打了个电话，依旧亲切地称呼她为"小菩萨"，老奶奶说："菩萨会保佑像你们这样的好心人"。"那一刻，我突

然深深地感受到义导这份神圣工作赋予我的责任，它重于我受到的肯定与尊重，而这责任也将帮助我实现我的人生价值。”

有一天，她遇到了一名藏族公安干警。这位干警一跨入景区，便被活跃在灵隐寺各处的小雷锋们所吸引。当得知浙江工商大学恰逢百年华诞之际，他用藏语激动地写下了对百年商大的祝福以及对义导的赞扬。

有一名5岁的小女孩，还曾在义导留言册上用稚嫩的手一笔一画地认真写下：我很喜欢这个大姐姐！“再简单不过的九个字，却蓦地使我内心温热澎湃、无限感慨。”钟菊文说。

的确，旅游与城市管理学院学子义务导游服务已经整整坚持了17年，服务游客2万余人，而钟菊文仅仅是其中普通的一员。她说：“我多么希望三年、五年、十年甚至百年之后，我们的义导活动还在继续，志愿者的队伍能够不断壮大。让更多的人感受我们义导的真诚与热情，让义导这份神圣的工作薪火相传、永续辉煌！”

最快乐最幸福的时候

比起“90后”义导这个“俗名”，她更喜欢别人称呼她为“橘子”。说起旅游义导，她总是滔滔不绝，并不是为了标榜自己的成绩，而是因为这一年中的点点滴滴给她留下了太多难以忘怀的快乐回忆。

不可否认，当今的“90后”是个性鲜明的一代，他们不愿因循守旧，他们有着属于他们自己的独特生活方式，但有些东西，他们从一代代人那里承续了过来，比如：助人为乐的品质。钟菊文就是这样一个“90后”。她喜欢一个人静下来品茶看书，思考人生，体味生活，享受平日喧嚣之后难得的寂静与惬意，这种诗意的生活方式，使得她身上散发出一种与众不同的气质；她更喜欢帮助别人，当看到因为自己的努力而使其他人脸上绽放美丽的笑容时，那也正是她最快乐最幸福的时候。

结　语

“90后”义导是一个庞大的群体，有太多太多像钟菊文这样的热心人在默默奉献着，他们是风华正茂、青春焕发的新一代，在他们的行动中，我们感受到了

温暖，看到了希望。相信他们会做得越来越好，也会将这种奉献精神传递下去，随着岁月的推移，我们会看到“00后”“10后”义导志愿者们快乐而忙碌的身影……

在杭州的各大景区游览时，总能看到一批身穿志愿者服、头戴小红帽的义导们。我们不仅向海内外游客提供英语、法语义导，还有更具地方风味的方言义导，如粤语、四川话、闽南语等。作为义导队伍的一分子，我不仅仅把这份工作当作一种历练，更视为一种享受，在奉献中收获快乐与成长。

——钟菊文

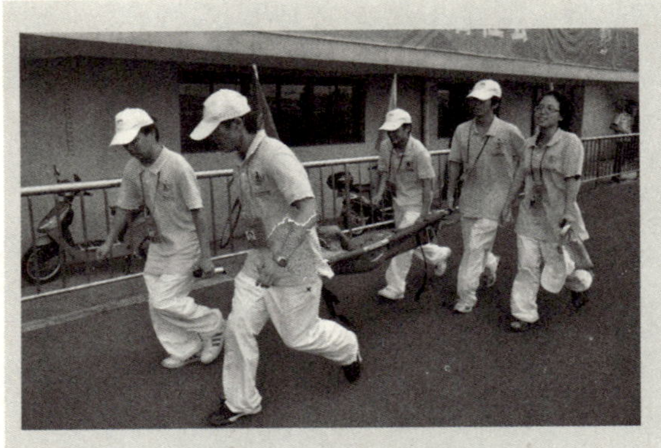

导读：

第八届残运会上，令人感动和难忘的不只是身残志坚的运动员，还有那一朵朵可爱的“小浪花”，他们为了做好志愿者，集中培训，风雨无阻，放弃节假日，带病坚持工作，他们快乐忙碌的身影，成为残运会上一道亮丽的风景线。

一滴水怎样才能不干涸，让它融入大海……

爱的浪花汇流成海

——记第八届残运会可爱的志愿者们

文/韩　蕾　刘玉婷

十月的江南添上了几许淡淡的桂花香气，沁人心脾。2011 年 10 月，中华人民共和国第八届残疾人运动会在丹桂飘香的杭州隆重开幕。身着蓝绿渐变色、有浪花水纹服装的第八届残运会志愿者被亲切地称为“小浪花”，他们播撒诚挚的爱心，体味生命的平等并享受奉献的快乐，朵朵浪花融汇成爱的潮水，波澜起伏，成为第八届残运会中一道亮丽的风景线。

同心同行　共享共赢

据悉，全省共有 12000 名志愿者服务于第八届残运会的各项赛事。其中，浙江工商大学有 405 名志愿者。志愿者们在 2011 年 4—6 月就投身于各类不

连续的工作中，10 月又开始连续服务，主要包括竞赛服务、接送站服务、代表团服务、观众服务、礼仪服务、医疗服务、后勤服务等。为了做好志愿服务，志愿者们进行了为期 4 个月的集中培训，包括专业技能培训、综合素质培训等。在第八届残运会的日子里，"小浪花"们一起微笑着喊出了生命的感动：同心同行，共享共赢！

早在 6 月份，残运会提前赛——脑瘫足球赛已在本校举行。9 天的比赛，9 天的志愿服务，只有两天是晴天。就像志愿者周莓莓回忆的那样："我们可爱的球童，可爱的担架宝贝，可爱的安保队，可爱的赛事引导员，在瓢泼大雨中，我们一同湿了鞋子，在肆意的大风中，我们一同乱了发型，但我们互相分发雨披，互相帮忙撑伞，即使只是道了一句'辛苦了'，拼坐在一张椅子上吃盒饭，都是快乐幸福的。"

雨天时不时地光顾残运会，也考验着志愿者们，志愿者在风雨中时刻关注着球的走向，足球一飞出场地，他们就会在第一时间冲向球飞往的地方。他们的工作并不复杂，但很重要，有的志愿者身形很瘦弱，但风雨中认真负责的精神，却让我们感觉到志愿者形象的"高大"。

10 月，礼仪志愿者李可晨参加的《群鼓龙腾虎跃》节目被学校推荐参加浙江省大学生艺术展演，经过开学后连续三周的苦练终于一切都定型了，可是展演与残运会礼仪志愿者的培训时间有冲突。在此情形下，李可晨放弃了可能近在眼前的荣誉，积极投身礼仪志愿者工作。国庆小长假期间，李可晨 6—7 日到黄龙体育中心进行开幕式彩排，晚上回学校，8 日在浙江旅游职业学院参加一天的礼仪培训，晚上回校后就开始发高烧，但她 9 日仍坚持彩排。指导老师看出李可晨身体不适、精神欠佳，就决定换别人参加开幕式。残运会开幕时，虽然不能上台了，但她还是跟着队员前往黄龙体育场，一直守在后台，默默地陪着队员。李可晨说："之前都是志愿者中的一员，现在虽然上不了场，但要我留在学校变得和开幕式一点关系都没有，心里会不好受，毕竟辛苦地训练了这么久。而且，万一队员有状况，我也还能临时顶上。"

志愿者戴芳萍开幕式前发烧，嗓子疼，感冒严重，开幕式也仍然坚持去了现场。她的任务由检票临时变为引导员，需要到处走动。到了晚上，风很大，又生病，冷得一直发抖。戴芳萍怕把感冒传染给大家，想戴口罩又怕影响不好，所以每次跟别人说话，都尽量用纸巾捂着嘴。她说："其实自己做的真的没有什么，无论是谁，只要有幸成为志愿者，都会尽心尽力服务的。"

志愿者是一个个人的奉献，亦是一个集体凝聚起来的爱心力量。能当选为

残运会的一名志愿者是件光荣的事情，而其中的苦和累只有他们自己才清楚。一个人可能会有懈怠的时候，但周围的"小浪花"会推动他一起前进。一位没有留下姓名的志愿者说："10 月 12 日下午的比赛快开始时，观众席的饮用水还没有摆放完毕，任务非常艰巨，可我们还是尽力去做。在我快坚持不住的时候看见大家都还在努力，我就咬牙坚持下去了，最后任务顺利完成！"有句话说得好："一滴水怎样才能不干涸？让它融入大海。"一个人只有融入集体，才会最大限度地发挥自己的才能。志愿者在集体的带动下竭尽自己的全力为残运会服务，发挥出自己意想不到的力量。他们是集体的一分子，集体因他们而精彩。

拼搏路上　快乐同行

"生命在于运动"。运动中的人能感受到强劲的心跳、热血沸腾的脉动和急促有力的呼吸，还能认清自己心中设定的拼搏目标。可以说，在运动时，一个人才能真切地体会到生命的力量和生命的意义。而竞技时，运动员在"运动"的基础上还要承担更多来自身体的、心理的压力。竞技运动注定会有或输或赢的结果，如何把握住关键性的赛点，不仅考验着运动员的体能，更要求其拥有一颗坚强的心。

这一切都与运动有关，至于什么样的人在运动却毫无关联。正如第八届残疾人运动会会歌《我们都一样》所唱的："我们都一样，一样的生生不息，一样的青春飞扬。我们都一样，一样的拼搏路上，一样的拥抱辉煌。"歌声传达出残疾人运动员对平等的渴望与呼唤。

我们曾经问志愿者：当你们感觉到辛苦，当你们牺牲本可以回家的时间，当你们的期末备考受到影响，当风雨中你们仍然要忙碌的时候，究竟是怎样的一种力量支撑着你们，让你们快乐地坚持下来呢？回答有差别，但有一点却是共通的，那就是运动员拼搏、进取、乐观的精神，是这种精神打动着志愿者，让志愿者学习到了一些从书本中很难学到的东西，让志愿者快乐地忙碌着。

在浙江工商大学举行的是第八届残运会中的聋人足球单项竞赛，首场比赛是由海南队对阵浙江队，体育场内座无虚席。开赛！运动员们在绿茵场上奔跑着，挥洒着汗水，传球、射门！足球在空中划出的优美弧度引来观众不断的呐喊与欢呼，现场活力四射。其实，我们都知道聋人运动员听不到现场的喝彩。现场有观众意识到"我们应该挥舞彩带，这样运动员们才知道我们在喝彩"。可现

场没有那么多的彩带，顾不上这些了，观众一如既往地为运动员的飒爽英姿呐喊着，“小浪花”们则用他们竭诚尽心的服务表达着他们对运动健儿的敬意。

该比赛海南队在最后一分钟踢进一个球，以1∶0险胜浙江队。观众散去，运动员回到休息室，体育场恢复了原有的平静。“可能我是听到聋人运动员呐喊最多的一个人”，洪智超是服务于浙江队运动员休息室的志愿者，目睹了普通观众没有看到的一幕：“运动员们都很不甘心，在休息室里面扯着嗓子沙哑地呐喊，他们听不到彼此的声音而只能看到对方不甘服输的表情”。此情此景，任谁都会被残疾人运动员不甘落败、渴求胜利的心所感动。比赛虽然输了，但他们却赢得了观众和志愿者们的敬重，他们同样是不折不扣的英雄。

听！会歌里的拳拳心声：“每个人都是主角，每颗心尽情释放，每个人都是英雄，每个梦都会怒放。我们都一样的拥抱辉煌。”

生命阳光　情满浙江

“大地上的花儿都一样，一样的沐浴阳光，一样的快乐绽放。天空中鸟儿都一样，一样的张开翅膀，一样的自由歌唱。”阳光是生命奇迹的原动力，散发着平等的光辉照耀着天地万物。每一个生命，无论健全还是残缺，都享受着阳光，都散发着活力，都值得被尊重。

在志愿者眼中，残疾人运动员和健全人没有区别，并且非常可爱。一来二去，有的运动员和志愿者不但眼熟，还能叫上彼此的名字。志愿者何洁告诉记者：“我们有时在本子上写字给后排的运动员看，身后甚至第三排的运动员都会凑过来看。运动员们很爱笑，那是他们最好的语言，强烈地感染着我们。他们特别喜欢开玩笑，很贪玩，有时会突然吓我们。运动员们对待生活甚至比我们还要热情，他们喜欢拍照，会经常去网上找自己的新闻。那股自信乐观，真的打动了我们很多志愿者。”然而，教练表示：这些运动员一开始出来比赛时，很害怕跟别人交流，而现在跟志愿者们一聊就是几个小时。运动员下榻的歌江维嘉酒店，因志愿者的周到服务而温情绵绵。校专家接待组的志愿者王琼说起一件她和北京队轮椅运动员的趣事：“这位运动员特别喜欢喝排骨汤，最多的一次喝了七碗，还特别‘吩咐’志愿者给他多打上些排骨。第二天晚上我去接班的时候，这位运动员一眼就认出了我。还要我帮他打排骨汤，说是下午就已经在找我了。”滴滴真情，温暖于心，志愿者的言谈中洋溢着温情与幸福，不难想象他们和

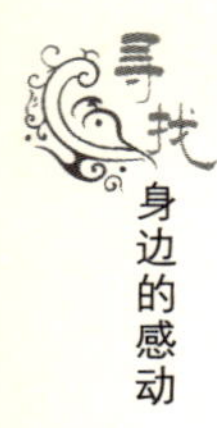

运动员关系的融洽。

残运会不单是运动员和工作人员的事情，我们更要把关爱和温情传递。10月12日的赛场上，足球被踢到离场地很远的草丛中，旁边的清洁人员见了连忙跑去把球捡起来递给志愿者。不管是谁，不管什么职位，都默默地关心残运会，都愿意为比赛奉献自己的一份力量。赛场下，10月14日酒店为来自江西队、广西队、河南队等球队的五位运动员举办了生日派对。“寿星”们带上小礼帽，一起切蛋糕，享受着身在异乡的温暖，之后他们还收到了体现吴越文化的风水石，足见浙江人的热情好客。这些人以切实行动支持着残运会，他们虽然不是志愿者，却同样是爱的“小浪花”中的一朵。正是这一朵朵的“小浪花”汇流在一起，才聚成了爱的海洋。

美国一名心理学家说：假如你想快乐一小时，就去睡个午觉；快乐一天，就去钓鱼；快乐一个月，就去结婚；快乐一整年，就继承一笔遗产；快乐一辈子，就去帮助别人。在第八届残运会里面，有太多可爱的“小浪花”，他们在帮助别人、给予别人快乐的同时，也被快乐眷顾着，第八届残运会因他们而充满温情，我们的生活因爱的温情而充满快乐。

（原载于《浙江工商大学报》635期）

身为第八届残运会的志愿者，我感到无比的快乐和荣幸，在和队友们服务残运会期间，我们被运动员们顽强拼搏的精神所感动、所鼓舞，能为运动员们做一些力所能及的事情，我们感到无限的欣慰。

志愿者，小浪花，爱的海洋，帮助别人，快乐大家！

——第八届残运会中一名普通志愿者

满怀深情做绿叶
——管理服务篇

红花还须绿叶衬。

在学校，有这样一群人，他们甘居幕后，默默无闻地付出和奉献着，只为给学校教学、科研等各项事业的正常运转提供服务和保障。他们就是学校的管理服务人员。

人们在评判一所学校的时候，看重的往往是这所学校的教学科研、学科建设、学生培养等方面，而容易忽略掉：一所好学校的背后，一定会有一支爱岗敬业、素质过硬的管理和服务队伍。

『满怀深情做绿叶，驾着春风去服务』，这是浙商大后勤确立的工作理念，也是对商大管理服务部门员工的真实写照。

导读：

从教二十六年，桃李满天下。

师德与教学水平等高，他被评为浙江省“首届师德先进个人”和省级“教学名师”。

作为学校教务处长，他积极推进教学改革，以更好地适应人才培养的需要。

平凡中孕育着崇高，他全身心地投入到了教学和管理工作之中。

把身心献给光荣的教育事业

——记浙江工商大学教务处施建祥老师

文/艾 岩

施建祥教授是经济学博士、硕士生导师，现为浙江工商大学教务处处长。同时，他是浙江省“新世纪151人才工程”第三层次培养人员，兼任中国保险学会理事、浙江省保险学会常务理事。他在高校从教26年，热爱教学，关爱学生，是同学心中的好老师，曾荣获浙江省“教学名师”、浙江省“首届师德先进个人”和浙江省“三育人先进个人”等荣誉称号。

师德高尚 成绩斐然

施建祥作为省级教学名师，从教26年来，热爱教学，关爱学生，愿做学生的知心朋友。在课堂上，他认真严谨，采用启发式、案例式、互动式等多种教学方式，注重课堂气氛的营造，教学效果优良，深受学生好评。凡听过他课的学生，

都赞不绝口，有学生在“评师网”上写下这样的评论：“施老师人特别好，非常关心学生，非常乐意帮忙。上课特别有激情，真的很喜欢听他的课！”“授课生动活泼，理论与实践结合，为人和蔼，师德高尚，是浙江工商大学金融学院最好的老师之一，其学识、人品都是我们学习的榜样，将会影响我的一生。”

为了把课上好，施老师对每一节课都仔细准备，精心设计，注意把学术界最新的研究成果融入到课堂教学过程中，并及时更新课件，不断改进教学方法，充分发挥课堂教学中学生的主体作用。为了把课备好，他精益求精，经常忙碌到深夜。他还特别注重搜集学生对他课堂教学的评价和反馈，对于学生提出的意见和建议，认真思考，虚心改进。

因为教书育人成绩突出，他于2002年和2004年两度被评为浙江工商大学“三育人先进个人”，2003年被授予浙江工商大学“教学名师”荣誉称号，2006年被评为浙江工商大学“实施子女战略优秀教师”，2006年被浙江省教育工会授予浙江省“三育人先进个人”荣誉称号，2008年被评为浙江省首届“师德先进个人”，2011年被授予浙江省“教学名师”荣誉称号。

除了课堂上孜孜不倦地教导学生，课外他还担任金融学院和章乃器学院学生的科技导师，利用休息时间，热心指导学生参加各类科技作品竞赛。在近几届大学生“挑战杯”课外学术科技作品竞赛中，他指导的学生作品均获得了省级以上奖项，2007年他指导的作品《农业灾害保险证券化研究——农业灾害债券的初步设计》获浙江省第十届“挑战杯”课外科技作品竞赛二等奖；2009年指导的作品《浙江省大学生培养成本调查》获浙江省第十一届“挑战杯”科技作品竞赛三等奖；2011年指导的学生作品《台风巨灾保险供需分析及运行机制的初步探索——以浙江省为例》获浙江省一等奖、全国二等奖。另外，他指导学生参加浙江省“新苗人才计划”创新项目和校“希望杯”科技作品竞赛，也获得较好成绩。因指导学生成绩突出，2007年，他被团省委、省教育厅、省科技厅授予“大学生课外科技作品竞赛优秀指导教师”称号。

潜心科研　成果丰硕

多年来，施建祥教授一直坚持工作在教学第一线，心系学生，对授课精益求精；除教学外，繁重的行政事务工作压在肩上，占用了他相当大的精力。即便如此，他仍然孜孜不倦地致力于学术科研水平的提高，因为在他看来，教学相长固

然没错，教学与科研也是相辅相成的。只有不断提升科研水平，才能更好地把握教学规律，改进教学方法，为学生提供更优质的教学服务。

近年来，他在《金融研究》《保险研究》《金融与保险》等期刊上公开发表论文40多篇，主持浙江省哲学社会科学规划课题4项，主持浙江省新世纪教改课题1项，出版专著2部，出版教材2本，其中《财产保险》被评为省级重点教材。

热心教改　成效显著

担任学校教务处长两年多来，施建祥根据国内外高等教育发展形势，结合本校实际，巩固并扩大教学改革已有的成果，并总结规律，推陈出新，在充分调研论证的基础上，不断推出教学改革新举措。

施建祥老师推出的教改措施主要有：提出本科教育要实现通识教育与专业教育并重的理念，加大了一、二年级通识教育的比重，以培养学生的人文素养和科学精神；推出普通本科生科研作品替代毕业论文的举措，以营造校园学生参与学术研究的氛围，得到了师生好评，中央电视台、《浙江日报》《光明日报》等媒体予以广泛报道；实行本科课程考试方式改革，根据不同课程类型提出一页纸开卷、上机考试、技能测试、阶段测试等九种考试方式，以考试方式改革来推动课堂教学改革，成效显著；改革传统的分散毕业实习方式，推行毕业实习形式多样化改革，使学生真正能在实习中提高自己的实践能力；实行学生听讲座得学分制度，以鼓励学生在校期间多听名家大家的各类学术讲座，活跃学生的第二课堂，加强学术熏陶；修订转专业制度，允许学生在校期间有五次转专业的机会，扩大了转专业的范围，更能满足学生个性化的需求；全面推行"双专业、双学位"制度，全校55个本科专业全部推出第二专业培养方案，为培养复合型人才创造条件，也满足了部分学生修读第二专业的愿望，提升学生的就业竞争力；鼓励文科生进入理工科实验室动手操作，理工科专业学生进入文科实验室参与沙盘实验、模拟股票交易实验等，培养学生的课外学习兴趣，拓宽思维，增长知识。

除了开展全方位校内实验教学，施老师还致力于横向拓展，与校外企事业单位、政府部门合作，建立实践教学基地，鼓励学生走向校外实习、实训、实战，借助各种社会资源，提升职业技能。据施老师介绍，在学校党委的正确领导和教务处的推动下，学校已建立200多个校外教学基地，形成校内实践平台与校外实践基地建设相结合的全开放实践教学模式。为培养学生实践能力，学校引

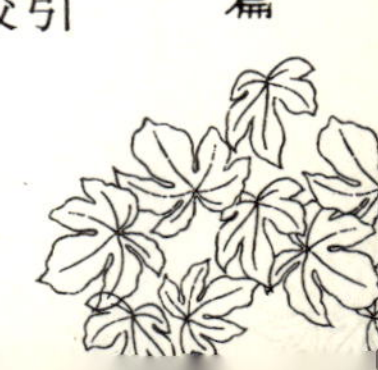

导教师将科研过程和科研成果植入实践教学环节，形成了特有的“点线面体”新型教学模式，即以课程为点，以基础实验教学为主；以模块课程为线，结合综合性、设计性实验；以仿真实验为面，以模拟训练、模仿制造等仿真实验为主；以创新实验项目的设计和完成为体，以学生自主实验立项为抓手，培养学生的创新能力。

为了更好地推进教师培训、教学改革、教师职业生涯规划、教学研究交流等各项工作，2012 年 1 月，学校又成立了浙江工商大学教师教学发展中心。在施老师的带领和教务处工作人员的共同努力下，教务处各项工作顺利展开，其服务教学科研的功能得到最大程度的发挥。

教育工作者应与时俱进，不断探索顺应时代潮流的新的工作方法。为此，施老师开通了腾讯微博，忙里偷闲地从微博中获取各方教育信息，表达他对教育的思考，与师生在微博上互动。在微博里，他这样写道：“我真心地希望我们的青年教师去当班主任，一是给同学们更多的专业交流，二是建立深厚的师生情。这种感情是你一生的财富，这是无法用金钱来衡量的。”字里行间渗透着他对学生的拳拳爱心和对教育事业的无限热忱。

我在高校从教 26 年，深切体会到“教师是太阳底下最为神圣的职业”这句话的内涵，始终认为教书育人是教师的天职，教师只有发自内心地去爱学生，才有可能全身心地去教学生，才会把教书育人当作自己的终身事业来做。

人们常说：爱自己的孩子是人，爱别人的孩子是神。浙江工商大学多年来推行的“子女战略”，实际上就要求教师把学生当作自己的子女，生活上要细心关爱他们，学业上要耐心指导他们，思想上要与他们真诚交流，情感上要与他们做知心朋友，努力培养学生“精神成人、专业成才”。本人多年来也一直努力争做“子女战略”的践行者，潜心教书，热心教改，关爱学生，乐在其中。

——施建祥

导读：

从体育老师到辅导员，到保卫处综合科科长，无论角色如何转变，她那颗热爱学生的心从未改变。

她像一个守望者，守护着学生，守望着学校的一方安宁。

校园里的守望者

——访校保卫处综合科陈春萍老师

文/何程成　娄若黛

陈春萍老师，现任浙江工商大学保卫处综合科科长，早些年曾是专业运动员，二十一岁起开始从事教育工作，陆续担任过体育老师和辅导员，无论从事哪份工作，她都怀着一颗热爱学生的心，忠诚地履行着自己的职责。

从体育到教育：坚毅为重

陈春萍老师很小的时候，曾跟随哥哥学习武术，九岁的时候，被老师选中参加专业的武术培训，从此走上了专业运动员的道路。然而，伴随陈春萍老师在体育道路上一路披荆斩棘获取荣耀的却不是武术，而是举重。对于女生来说，举重训练既枯燥又辛苦，但既然选择了它，陈春萍老师就坚持了下来。

“训练总是辛苦的，但在做运动员的几年中，走过了很多地方，增长了不少见识。”当讲到训练生活的时候，陈老师这样说。很多年艰辛的训练被一笔带过，取而代之的是其中的收获，而最大的收获，莫过于在训练中，练就了坚毅的

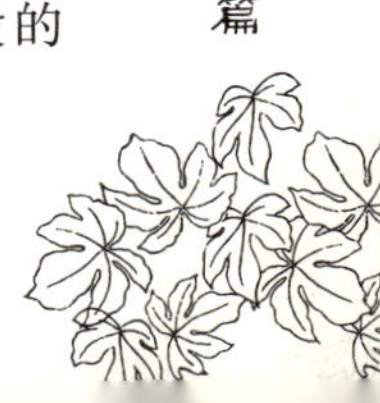

品质。陈老师说:“任何事情都是有技巧的,通过训练掌握技巧,可以完成任务,但体育带给我最多的,是教会了我坚毅。”

陈老师是这样说的,也是这样做的,她把从体育中练就的坚毅品质带到了日后的工作中去。

二十一岁这年,脱离了运动员的身份,陈春萍成为了一名老师。做老师的初衷是因为在学生以及运动员时代遇到过的老师们对她影响甚深,让她认识到一名好老师的重要性,在这之后,不知不觉的,教育在陈老师心目中的分量越来越重。

做运动员和做老师毕竟不同,陈老师坦言,在年轻的时候,工作中遇到困难曾有过放弃的想法,但最终能够坚持下来,离不开她坚毅的品质,坚毅让她乐观、从容地处理生活中的各种困难,更随和地对待身边的人和事。即使身份转变,也能从容不迫地生活。

在多年的工作中,陈老师变得更加平和沉稳,但不变的是运动员身上特有的雷厉风行和刚强果敢,从体育到教育,陈老师以坚毅为重,完成了华丽的转型,也保留了最可贵的品质。

从“台前”到“幕后”:专注为重

2007 年,这对陈老师来说是十分特殊的一年。正是在这一年,陈老师成为了浙江工商大学保卫处综合科科长,离开了教育的第一线,从教育的“台前”走到“幕后”,但陈老师并没有离开她所热爱的学生,而是以特殊的方式关爱着他们。

拿陈老师自己的话来说,保卫处综合科的工作杂且多,尽管如此,她仍能做到有条不紊地开展工作,而做到这些的秘诀,就是专注——在自己的工作和任务上多花心思,多加关注。在陈老师看来,只要肯动脑,没有什么事情是办不成的。

除了多而杂,保卫处综合科工作的另一个特点就是工作时间没有规律,突发事件发生时,即使是在休息时间,也要第一时间赶赴现场,了解情况,控制事态发展并做好善后工作,陈老师说:“需要我们的时候,就是体现我们价值的时候。”一次,一位学生因为心理上出现了一些问题,有轻生行为。当这个情况反映到保卫处,陈老师立马放下手头的事情,火速赶到现场。在对那位学生进行

长时间反复地劝说、安抚之后，最终成功令其打消了轻生的念头。“直到救下学生的那一刻，我那颗从一开始就提着的心才总算落定下来，能长长地舒一口气了。在成功劝服学生的那一刻，我为自己、为我们的团队而感动，而骄傲，我感觉在那个时候，我们在工作中实现了自己的价值。”虽然这份工作会牺牲自己很多闲暇时间，工作的性质决定了要时刻保持忙碌状态，但陈老师却很享受这种生活状态，喜欢这份为全校师生服务的工作。

同样的专注，也体现在陈老师做辅导员的时候。她并不把过多的精力放在对学生的管理和约束上，而是更注重对学生的引导和沟通。平日里，热爱运动的陈老师有机会便会和同学们一起运动，乐观、豪爽的性格和年轻的心态使陈老师与她的学生们打成一片。在对学生干部的教育上，陈老师把培养工作分为四个阶段，大学四年分别为引导、鼓励、点拨和提拔。在陈老师的带领下，一批又一批的学生干部由青涩走向成熟，并最终自信地走向社会，这是让陈老师最为欣慰的。

从教育工作的“台前”到“幕后”，陈老师一直没有改变对工作专注的态度。

从母亲到老师：关爱为重

如今，年过四十的陈春萍老师看起来仍十分年轻，在与陈老师交谈的过程中，很容易就被她的幽默、亲切所感染。这个时候，对于学生来说，陈春萍不仅仅是一位老师，更像是一位母亲。

陈老师说：“我不仅是老师，更像是母亲，在做学生工作时，有时候看到学生们因为生活中的困难而难过焦虑，作为一名母亲，我也很着急。”也许正是陈老师对学生们母亲般的关爱，让学生们特别信赖和依恋她，大大小小的事件，都乐于跟陈老师分享，生活中的困扰和疑惑，都会向陈老师倾诉并寻求答案。陈老师也乐于帮学生们解决困难、提出建议，即使在半夜接到学生们的电话，陈老师也从没有抱怨过，总会耐心地给学生们解答。学习、工作，爱情、友情，学生们与陈老师探讨的问题形形色色，陈老师不断地变换着自己的角色，老师、朋友抑或是母亲，陪伴着学生们成长。

现在，作为学校保卫处综合科科长，陈老师唯一遗憾的是 2007 年工作转换时没能亲手把那一届带了两年的学生们带到毕业，但她的心总是和学生们在一起的，心中总保持着对学生们的牵挂。过去教过的很多学生，平时常和陈老师

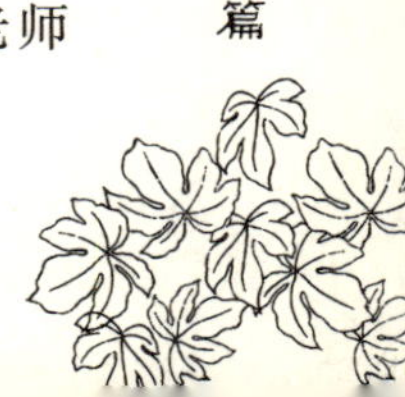

联系，不时地回校看望她。带着母性的关爱，陈老师鼓励学生们“多走、多读、多看、多学、多实践”，她给予学生的不是过分的宠爱而是理智的引导，她带领着学生们增长见识，体验生活，认识人生。

从母亲到老师，陈春萍老师完成的不是角色的转换而是融合，她把作为母亲的细致与温柔和作为老师的理智与严格结合在一起，成为了学生们的引路人和伴随者。

在美国作家塞林格的小说《麦田里的守望者》中，霍尔顿的愿望是做一个麦田里的守望者，守在悬崖边，看守着做游戏的孩子们，免得他们跑到悬崖边上来。对于陈春萍老师来说，她所做的乃是一个校园里的守望者的角色，保护学生们的安全，给学生们力所能及的指引。

快乐总与宽厚的人相伴，财富总与诚信的人相伴，智慧总与高尚的人相伴，魅力总与幽默的人相伴。

而快乐的源泉是什么？我认为是爱心，善心，对他人的宽容之心，是自省自律的自觉心。

——陈春萍

导读：

没有轰轰烈烈，只有默默无闻；没有稳定作息，只有随时待命；没有尽善尽美，只有尽心尽力；没有骄傲自满，只有谦虚进取……这就是李千明。多年来，他和我校校卫队队员一起，为维护校园的安全稳定而不停奔忙着。

以校为家　平安大家

——校保卫处校卫队员李千明侧记

文/吴叶倩

李千明，浙江工商大学校卫队副大队长，一个对工作认真负责、对队员关心关爱的好队长。他带领校卫队队员，维护学校的治安，营造出能让学生学习安心、老师工作放心的良好校园氛围。他在平凡的工作岗位上，用爱岗敬业、无私奉献的精神做出了不平凡的成绩。

尽心尽责　无怨无悔

见到李千明的时候，他刚从运动场上巡逻完回来，而那时正是午休时间。对于休息，他说："一天从早上上班到傍晚下班几乎都在学校里转着，哪里出现紧急问题就要马上处理，很少有时间待在办公室休息。"校卫队看似简单的工作其实并不轻松，每天都要巡逻教学区，检查消防安全，维护学校治安，有时还要

处置突发事件等，几乎很少有休息的时间。可是他从不抱怨，他觉得校卫队的工作虽然看似平凡，却能给大家带来平安，是一份很有意义的工作，他要在自己平凡的岗位上做出不平凡的成绩。

正是带着这一份对工作的热爱，李千明保持24小时待命状态，随时听从指挥，他说："身上的对讲机就是生命线，发生紧急情况要第一时间赶赴现场进行处置。"作为校卫队的成员，他不得不时常放弃休息时间而忙于工作，在去年的一个休息日里，他接到电话说钱江湾生活区东门附近的一处工地发生火灾，且火势较大，他立刻在最短的时间内奔赴现场，调动人员配合消防部门灭火，在大家及时的扑救下，火势很快得到控制。

作为校卫队的队员，他牢记着"保护好学校财产、服务好广大师生、维护正常教学秩序"这个神圣使命，努力在工作岗位上发挥自己的聪明才智。当学生碰到小偷，他冒着危险与小偷进行搏斗；当学生生病需要帮助，他第一时间把学生送到医院治疗；当遇上纠纷事件，他不顾安危地前去劝阻。李千明在校卫队工作已有五年时间，在这五年中，他勤勤恳恳地为学校安全稳定，克服种种困难与危险，冲在第一线，尽心尽力地履行自己的职责。

果敢睿智　决策有方

作为浙江工商大学校卫队的副大队长，李千明保持随时待命状态，接到任务第一时间奔赴现场；他合理安排每个队员的工作，在突发事件发生时保证治安井然有序；他在部门和队员之间搭建了一座良好的桥梁，使工作更加顺畅。

2012年5月的一天，校园110值班室接到消息称金沙港5号学生宿舍烟雾很大，但未见明火。接警后，李千明立即与校卫队员赶赴现场，迅速进行处置。他现场询问楼管和电工，了解到此处无电器及电线，可能有杂物堆放，于是组织队员打开一楼消火栓，对着冒烟处进行扑救，很快明火灭掉、烟雾散开。像这样的突发事件还有很多，他总能在第一时间赶到事发现场，尽量把损失减到最小值。在去年的新生接待工作中，他带领队员提前3天开始工作，他本人连续在户外执勤长达十四五个小时，并将捡到的一个大旅行包及时归还给心急如焚的失主。机动大队队员认真负责地工作，为圆满完成新生接待任务做出了贡献，得到广大师生、家长的好评。

为做好校园治安综合治理工作，促进和谐校园建设，李千明与队员共同奋

战在第一线，为学校安全稳定作出了应有贡献。2011 年，校卫队参与完成新生报到等各类大、中型活动 36 次，制止并处理综合楼突发事件 10 多次，接警、出警（含火警在内）120 多次，队员捡到东西上交保卫处现金 630 元，手机和 U 盘 22 个、饭卡 70 多张……虽是些平凡小事，却足可以看出他们可贵的精神。

不断进取　力求上进

李千明不仅在工作上严格要求自己，在学习上也努力刻苦。高中毕业的他，在繁忙的工作之余靠自学拿到了大专文凭，从以前对电脑一窍不通到现在熟练掌握电脑操作技术。他总对自己说："只有不断学习才能跟得上这个时代的脚步，不被这个时代淘汰。"

他一直努力探索一套科学合理的管理方法，让队员之间的配合更加默契，他常对队员说："成功不是靠个人而是靠团队的，我们每个人单个的力量是有限的，只有大家团结一致，才能达到事半功倍的效果。"每一个问题，每一件关于校卫队的事情，李千明都会记录在笔记本上。他定期总结工作经验并与大家展开讨论，让队员在工作之后吸取经验与教训，不断思考，不断进步。此外，他还经常与队员外出进行学习，学习优秀的管理方法与经验。为了更加有效地处理一些突发情况，李千明还组织队员参加消防培训、救生培训……

坚持不懈的努力赢得大家对他的肯定，当面对荣誉和赞美时，李千明总是谦虚地说："这是全体队员的成果，他们每个人都很尽力地在工作，其实比我更辛苦。"

希望今后通过继续学习，不断提高自身素养，进一步树立"为学校发展服务，为全校师生服务"的理念，增强"文明、热情、忠诚、和谐"的校卫队团队精神，认真执行保卫处安全与服务工作的有关指示精神，努力完成"保护好学校财产、服务好广大师生、维护正常教学秩序"等保卫处、校卫队交办的各项任务，尽自己最大的努力做好本职工作！

——李千明

导读：

“民以食为天”，朱虎荣师傅33年来只做了一件事情，就是致力于提高学校餐厅的餐饮质量和服务水平。

“满怀深情做绿叶，驾着春风去服务”，朱师傅以实际行动履行了浙商大后勤服务中心的这一工作理念和指导思想。

调羹做浆　心意飘香

——记后勤服务中心餐饮管理一部朱虎荣

文/傅祖浩

朱虎荣，后勤服务中心餐饮管理一部主任。他的从业经历很简单，简单到33年来一直没有离开过学校食堂。但是，经历的简单，并非人生的平淡，两项荣誉足见一斑：1985年荣获浙江省“新长征突击手”荣誉称号，2009年荣获“浙江省高校伙食行业杰出贡献工作者”荣誉称号。从一名普通食堂职工到餐饮管理部主任，朱虎荣一直秉持诚实为人、踏实做事的人生理念和工作作风。他爱岗敬业，任劳任怨，求真务实，开拓创新，充分发挥着一名共产党员的先锋模范作用，体现出一名后勤职工对餐饮服务事业的执着追求。

爱岗敬业　要把饭菜做香

“身在这个岗位，就一定要把本职工作做好。否则，就对不起他人，也对不起自己。”朱虎荣的内心一直装着这个简单的道理。从事餐饮管理服务工作30

余年，他在不断积累工作经验的同时，十分注重学习提高和观念更新，在餐饮管理服务工作中大力推进规范化、标准化建设，切实加强食堂的内部管理。他高度重视食品安全，积极推行食堂“五常法”现场管理，不断探索加强食品安全的长效机制，有效实施岗位流程化管理，确保饭菜制作过程中的每一道工序严格按照规范进行。他重视管理服务创新，经常组织推出一些新的服务举措和项目。前些年，在浙江工商大学下沙校区食堂建设过程中，他提出了许多合理化建议，并被充分采纳，在优化食堂服务流程、节约能源开支等方面收到了良好的效果。下沙校区新食堂正式开启后，他结合新校区的运行模式和学生生活区布局特点，不断探索与之相适应的餐饮服务新模式和新方法，对食堂供应方式和供应品种进行多次调整，逐渐使校食堂具备了大众快餐、自选餐厅、特色面点、美食坊、接待餐厅等多种功能，从而较好地满足了广大师生的日常餐饮需求。

他还积极组织员工开展菜肴创新活动，不时推出新的品种，定期组织食堂员工开展厨艺比赛，不断提高食堂员工的服务技能。在尽力做好食堂饭菜的同时，他十分重视食堂的服务质量。每天早餐和中餐时分，他总会提前来到食堂餐厅，开展现场办公，随时了解餐饮供应情况和食堂员工的服务态度，随时纠正一些不当的服务方法，或者满面笑容地迎候师生们前来就餐用膳，并耐心细致地解答一些问题。他为校食堂荣获“杭州市餐饮服务业安全示范单位”“全国高校餐饮服务业百佳食堂”“浙江省高校标准化示范食堂”等荣誉做出了不懈的努力和积极的贡献。

任劳任怨　愿把责任担当

“作为一名老同志，一名共产党员，在工作中就要起到模范带头作用。无论任务有多重，工作有多艰辛，都应负责任地担当起来。”他是这样说的，也是这么做的。他工作责任心强，业务技能好，做事总能让领导和同事们放心。1999 年和 2001 年，杭州化学工业学校、杭州应用工程学校和浙江政法管理干部学院并入杭州商学院期间，他全程负责食堂的统一管理工作。由于工作认真，考虑周密，经验丰富，确保了并校期间食堂管理服务工作的平稳过渡。他组织纪律性好，服从意识强，哪个餐饮管理岗位有需要，他就会欣然奔向哪个岗位；哪个食堂有困难，他总会在第一时间提供指导和帮助。2003 年和 2005 年，他先后全面负责了清风苑食堂和流水苑食堂的筹备开业工作；2007 年 9 月，又全面负责了

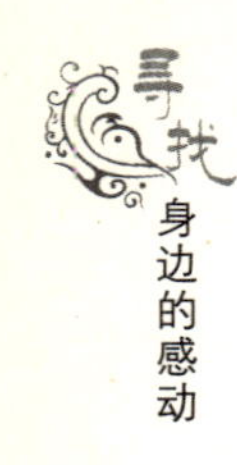

流水苑食堂美食坊的开业工作；2010年底，由于餐饮管理二部主任因工作需要调往其他部门任职，两个大食堂的日常管理工作一时缺人，此时，他服从组织安排，勇挑重担，主动肩负起餐饮管理一、二部的日常管理职责，工作负担比原先重了很多。正是在他的积极努力下，仅用两个来月时间，就使两个管理部的服务力量融为一体，保质保量、有序有效地完成了各项餐饮服务工作。

多年的基层工作经历使他积累了丰富的工作经验，尤其是面对突发事件和重大活动时，他总能充分展现出良好的业务素养和应对能力。如2010年底，面对突降大雪，他要求各食堂提前认真做好风雪防范和食品原材料储备工作，从而避免了大雪过后路面结冰以致餐饮原材料采购困难的窘境。2011年5月8日，恰逢浙江工商大学百年校庆庆典日，30000多在校师生，4000多人次嘉宾、校友的餐饮保障接待工作是此次校庆后勤保障服务工作的重中之重。为圆满完成此项重任，他由点到面，安排周全，细抓管理环节，深抠服务细节，并且拟订各类工作方案，明确各种应对措施，同时做好各项应急预案。5月8日中午，庆典午宴的就餐人数比学校原先预计的人数突然增加了许多，致使菜肴、食品的供应一时显得有些紧张。在领导的重视支持下，他凭着丰富的工作经验和极强的组织协调能力，立即采取应对措施，从而确保了此次校庆餐饮保障服务工作的顺利完成，得到了嘉宾、校友和师生的充分肯定和高度评价，并且展示了浙江工商大学的饮食管理服务水平和食堂管理服务人员的精神风采。

真诚无私　乐把技艺传人

有一次，朱虎荣在与一位年轻员工谈心时说："我们这些老同志的年龄越来越大，过不了多久就要离开岗位。希望你们年轻人快快成熟起来，把我校的食堂工作更好地做下去。"在日常工作中，他时时处处注意以身作则，在方方面面给员工同事们以表率。与此同时，本着"严格要求，热情关怀"的宗旨和态度，他十分重视员工队伍建设，特别注重对年轻员工的关心培养，真诚无私地向他们传技授艺。2010年11月上旬，省高校伙食专业委员会在浙江工商大学举行全省高校餐饮员工烹饪技能比赛，他一方面全面负责场地布置和材料、用具的准备，一方面积极培训指导校参赛选手，为选手们取得好成绩做出了贡献，也为学校争得了荣誉。通过多年的传帮带，他已培养出多名食堂主任等餐饮管理人员。

朱师傅还通过多种方式和途径，积极地向同学们宣传各种餐饮知识和健康有益的餐饮文化，尽心尽力做好服务育人工作。他积极参与由饮食服务中心统一组织的“学生走进食堂”参观活动、“与食堂管理人员面对面”交流活动、“我与食堂”征文比赛、“我看食堂”摄影比赛等活动，积极参加校团委和学生会组织的“阳光生活会”，积极支持学生前来食堂开展团日活动，认真组织学生在食堂开展勤工助学。特别是对于一年一度的美食文化节，他更是积极投入，精心组织，力求将最光鲜的餐饮服务形象展现在同学们面前，将最美味可口的食物让同学们品尝。平日里，他还真诚热情地做好校学生会维权部学生干部的咨询接待工作，无论工作多忙，只要学生干部上门，他都会耐心细致地做好解惑释疑工作。凡与他打过交道的同学都说：“朱老师真是一位好老师。”

他几十年如一日，坚守在平凡的岗位上，一直勤奋地工作，默默地奉献。他以实际行动践行了“您的满意，我的追求”的服务口号，诠释了“朴实平凡，无私奉献，低调内敛，生机无限”的绿叶精神。他的一言一行不仅很好地影响着他身边的每一个人，也深深地感动着与他一块儿工作的同事们。

工作中最重要的就是要有一颗强烈的责任心。态度决定一切！认清自己的位置，具备良好的心态，拥有美好的心情，这样工作起来不仅能给你带来快乐，也会给你一种成就感。工作中不外乎就是认真、务实、求新：认真是一种负责任的态度，一种对单位、对自己以及工作岗位的责任；无论做什么事情，都要本着求真、脚踏实地的原则，从点点滴滴做起；在工作中从完善到创新，既是自己进步的过程，也可以为集体创造更大的价值。

——朱虎荣

导读：

我们的生活中不能没有绿色，绿色给我们安宁和希望。

绿色从哪里来？从那勤劳而灵巧的双手中来。

为了那一片美丽的绿色，沈炳泉师傅和他的班组成员们辛勤忙碌着……

为了那一片美丽的绿色

——记浙江工商大学后勤服务中心绿化班沈炳泉

文/高贤祥

沈炳泉，后勤服务中心校园管理部绿化班班长，一位责任心强、爱岗敬业的好班长。他对工作认真负责的态度与精神，不断地从他所从事的每项具体工作中折射出来。

抢时机　重技术　全心投入校园绿化工作

“虽然只是做着平凡的工作，但也是在为美化校园添砖加瓦”，他常常这样想。绿化管护工作看似简单，实则不易，一年四季，种花栽树、剪枝除草、浇水施肥等工作比较繁琐，而且还有着这样几个特点：一是时间性强，如春季种花栽树的大忙季节，有时一次购进上千棵树苗，有时购进几千盆花卉，要在一两天或更短的时间全部栽种完毕，难度很大，他主动放弃自己的休息时间，和同事们一起加班加点完成工作任务；二是技术性强，别看只是树木、花草，如何种好它们，并保证它们的成活率，在栽种的过程中都有一定的讲究，必须在专业人员的指导

下进行，如根须埋得深与浅，对它的生长都有很大影响，他凭借多年积累的绿化种植技术，干好工作，并为其他员工提供技术指导，确保所种各种植物的成活率；三是需精心管理，做好绿化植物的管理是一件比较麻烦的事情，修枝、浇水、施肥、防治病虫害，他就像照顾自己的孩子一样，每件事都耐心、细致地按时完成。看着亲手养护的花草一天天成长起来，成为校园的一处景观，他心里很有一种成就感。

带队伍　抓管理　奋战在工作第一线

为扎实做好绿化养护工作，促进校园绿化环境优美，着手抓好绿化养护计划管理和队伍建设，沈炳泉师傅几十年如一日，带领绿化养护队伍，抓管理，促成效，每天提前到校上班，安排工作任务，严格按照绿化养护标准流程，认真落实“花园式校园”的量化指标，与员工一道奋战在工作一线。他具有雷厉风行的管理作风，在员工中树立了良好的“生产队长”形象。在日常的工作中，一旦遇到困难，他先上，不怕苦，不怕累，不攀比，从不见他因常吃苦受累而抱怨半分，他总是乐呵呵的。在下沙校区的绿化养护工作中，他舍小家、顾大家，加班加点、披星戴月，克服天气异常、条件艰苦等重重困难，一板一眼，一丝不苟，把校园绿化养护工作做精、做细、做实。有一段时间，他妻子身体不好，需要住院检查，但他没有因此放下工作，总是每天早早来到学校，安排好工作任务，直到工作完成才去医院照顾妻子。

从事绿化工作，苦中有乐，沈炳泉同志时时处处严格要求自己，模范遵守校园管理部门的各项规章制度和工作纪律，在他的带动和领导下，绿化组圆满地完成了各项绿化养护任务。在平时的修剪、浇水及各种养护工作中，按照学校工作安排，他也能积极踊跃地带动工作人员把工作做细、做到家。在工作上，他抓计划，讲落实，针对下沙校区绿化养护环境的要求，有效地制订全年绿化养护计划，开辟一片“春季有花、夏季有荫、秋季有果、冬季有绿”的温馨、优美的校园环境。同时根据不同的季节，合理安排修剪、割草、施肥、防病治虫和抗旱灌溉等工作任务。在计划的执行过程中，他始终坚持根据每个工作环节的细节和流程追踪工作完成质量，认真分析养护过程中发现的问题，及时采取有效措施，确保每棵绿色植物生长良好。

勤思考　克难题　积极完成土壤改良任务

为解决下沙校区土质盐碱化给园林绿化带来的困难，他苦思冥想，查阅资料，科学养护，大胆尝试，带领员工到附近各大院校参观学习，吸取经验，提出土壤改良方法。几年间，先后采取从养牛场拉来牛粪、从校区化粪池提取大粪给树木施肥等措施，使植树、种草的绿化成活率达到95%以上，生长态势良好。同时，他借鉴先进的绿化管理技术，积极倡导节水灌溉，利用校区景观河的喷灌设备，进行绿化喷灌，起到节约用水和有效灌溉的双赢效果。在绿化面积不断扩大、花木品种日益繁多的情况下，仍然保持园林绿化水电费用年年基本持平。土质改良好了，草能种活了，但他并未满足现状，他说："有绿还需美。"为使校园环境更加优美，他主动出门参观学习，专门向园林工程师请教相关专业知识，然后在园林绿化工程中提出自己的建议和设想，因地制宜，统筹规划，合理安排。

在他坚持不懈的努力下，校园环境生机盎然，学校绿化养护工作成绩突出。学校被评为"杭州市绿化先进单位"，他带领的班组曾两次被省高校物业管理专业委员会评为"绿化先进班组"，他本人也曾多次荣获"先进工作者"荣誉称号。浙江工商大学后勤服务中心主任陈沫强老师对沈炳泉师傅这样评价道："沈炳泉和他的团队不论刮风下雨，还是酷暑严寒，剪枝、栽花、种草、改良土壤，穿梭在下沙校区的每个角落，为了美丽优雅的校园环境默默耕耘。我想，如今校园里的每一棵树都品味过他的汗水，每一朵花都知道他的辛劳。"

然而，面对荣誉和赞美，沈炳泉师傅总是谦虚地说："这是大家努力所取得的成绩。"

（原载于《浙江工商大学报》654期）

每个人都希望我们的周围多一些绿色，绿色植物多了，空气会更好，校园会更美，人们的心情也会更愉悦。我只是在为大家共同的期望做一些力所能及的事情，还有很多像我一样的人在为了校园的美丽而忙碌着。

——沈炳泉

导读：

大学毕业时，她是省级优秀毕业生。

大学毕业后，在后勤一干就是六年，她成长为一名优秀的后勤服务工作者。

从优秀走向另一个优秀，在这看似简单的转换中，却蕴含着无尽的辛劳和汗水。

两个“优秀”的诠释与转换

——记浙江工商大学后勤服务中心办公室沈娟凤

文/冯校明

这位年轻的姑娘，大学毕业后来到后勤，在办公室秘书岗位上一干就是6年。她以优异的工作表现、谦和的为人处世态度、扎实的文字功底，赢得了领导、同事和员工的好评。面对赞扬和荣誉，她不张扬，不自满，从容淡定。每次一接到文字工作任务，晚上她办公室的灯就会亮起，她写下一篇篇令人“惊艳”的文稿，也写出了自己灿烂的青春年华。

这个姑娘就是沈娟凤，中共党员，2006年毕业于浙江工商大学公共事业管理专业并获得“省级优秀毕业生”荣誉称号，毕业后来到后勤服务中心办公室工作，现为后勤办公室主任助理。

自参加工作以来，她一直保持兢兢业业的工作态度、求真务实的工作作风，以优异的工作表现赢得领导、同事的好评。2011年，她参与竞聘公司骨干员工选拔，通过笔试、面试等一系列正规程序，成功竞聘办公室主任助理一职。从优秀毕业生到优秀的后勤服务工作者，沈娟凤完成了对两个“优秀”的诠释与转换。

勤于学习　善于思考　不断提升自身素养

作为一名办公室工作人员，沈娟凤时刻严格要求自己，认真学习岗位所需的各种知识，不断提高自身的综合素养，努力让自己成为“多面手”。初到后勤办公室，她主要承担公司的信息宣传工作，为了尽快进入工作角色，承担起工作职责，她在领导的指导和同事的帮助下，以“勤问好疑、乐学多思”的态度学习信息宣传知识，向他人学习，向书本学习，向实践学习，从而较快地提高了捕捉信息宣传线索和撰写新闻稿件的能力。由于信息宣传工作表现突出，她曾连续 3 年获得“浙江省高校后勤优秀信息员”称号，2010 年荣获“全国高校后勤优秀信息员”称号。

后勤工作点多面广，办公室作为后勤的“后勤”，承担的事务就更多。日常工作中，她除了完成主要工作任务外，还兼任了后勤档案员，认真做好整个中心的档案工作；兼任了后勤科研秘书，配合学校科研秘书做好后勤员工的科研工作；兼任办公室资产管理员，配合公司资产管理员做好资产登记及清查工作等。对于这些兼项工作，她也从不懈怠，一方面学习相关专业知识，一方面注意在工作中总结经验，锻炼自身处理综合事务的能力。此外，她还注重业务研究，善于把学习和工作结合起来，积极参与浙江省后勤协会和学校有关部门组织的课题研究，撰写科研论文，比如她结合自身档案工作实际撰写的《对高校后勤档案工作的几点思考》一文，获得了校档案馆的好评并被收录在当年的《浙江工商大学档案工作经验交流材料汇编》中。对于这些成绩，她从不自满，总是说“作为后勤的新兵，只有不断学习，才能跟上高校后勤发展的步伐”。

精于工作　敢于创新　努力提高工作质量

后勤办公室的工作是繁杂而琐碎的，小到一支笔的领用、一个字的误差，大到学校重大活动的服务工作，都需要办公室人员的参与，需要多重角色、多种素养的综合。她担任过“后勤一家亲”文艺晚会的主持，参与过“后勤优质服务月”活动的策划，也做过办公室的仓库保管员……对于这些具有挑战性的工作，她从不抱怨，反而以此为动力，沉醉于工作，乐此不疲。不管在工作中遇到怎样的难题，她都会动脑筋、想办法，大胆创新，精益求精，不断提高工作成效。来到后勤办公室的第一年，中心各类通知都通过打电话告知，效率不高。后来，她用自己的手机号申请了飞信业务，分群组加入公司领导和科级干部们的手机号码，在没有学校统一短信平台的情况下就开始了后勤内部的短信群发业务，从而极大地提高了信息传递速度和工作效率。

都说文字工作是一项“苦差事”，不管是一字一句的斟酌，还是上万字的材料，都需要花费大量的精力。从2006年至今，沈娟凤在后勤办公室文秘岗位上与文字打了6年交道，无论是一条温馨提示短信，还是后勤“双代会”总经理工作报告，或者部门年度工作总结，她都持以十分严谨的态度，从不敷衍搪塞。白天办公室人来人往，需要应付很多事务性工作，无法静心写材料，所以每一次文字任务，她都要主动给自己加班、熬夜，或者利用双休日完成。正是凭借这种认真的工作态度和扎实的文字功底，她的写作能力得到了领导和同事们的一致认可。

乐于奉献　忠于服务　全心投身后勤工作

大学毕业来到后勤部门工作，似乎有些屈才，有点可惜。这些年来，沈娟凤也曾听到过很多类似的“劝说”。但她一直都认为，世上不存在“没出息”的工作，只有“没出息”的人。6年的后勤工作经历，让她逐渐爱上这个“忠于服务”的特殊行业，从了解到感动，从理解到热爱。平日里，她从不计较个人得失，总是怀着强烈的责任感和满腔热情，踏踏实实地做好各项工作。2009年下半年，由于办公室人员流动，她一人坚持完成原本两个人的工作任务，不仅不抱怨，不敷衍，反而以更高的要求参与各项工作。同时，她又热心参与党务和工会工作，曾被选为学校“双代会”代表，2011年当选后勤分工会宣传委员。由于注重团结共事，善于沟通交流，她深受同事们的喜爱。

她说，对工作负责就是对自己负责，有了这样的信念和准备，才会在风生水起时淡定从容，在面对荣辱时无愧于心。参加工作6年来，沈娟凤连续6年获得年度考核优秀。从昔日的优秀大学毕业生到今天的优秀后勤服务工作者，她

正一步一个脚印地朝着自己的人生目标前行，踏踏实实做人，勤勤恳恳做事，在平凡的工作岗位上奉献青春和激情。

后勤队伍在高校总是以“学历较低、素质不高”的印象存在着，但我觉得，就像电视剧《亮剑》里李云龙那支“嗷嗷叫”的部队一样，不管在平时，还是在面对“百年校庆”后勤保障这样的重要任务时，后勤队伍都是特别能团结、特别能战斗的一群人。尽管不完美，但很高兴，我是其中一员。

——沈娟凤

导读：

高品位，高标准，高要求。

坚守责任，坚守道义，坚守使命。

这就是年轻的浙江工商大学出版社，虽然年轻，却已大有作为，并将为社会作出更大的贡献。

坚守社会责任　打造文化精品

——记奋进中的浙江工商大学出版社

文/余　文

精装 24 卷本中文版《狄更斯全集》的推出让浙江、中国、甚至全世界都关注到浙江工商大学出版社——这么一个年轻得名不见经传的出版社的存在，感受到一群有担当的出版人对文化责任的坚守。

创造奇迹　隆重献礼

2012 年，对于浙江工商大学出版社而言，是一个有着特殊意义的年份。2012 年 3 月，校出版社隆重推出扛鼎之作——精装 24 卷中文版《狄更斯全集》，在国内外引起巨大反响。此次出版的《狄更斯全集》，据主持这套巨著编辑出版工作的副总编钟仲南介绍，系根据世界上最新的牛津大学出版社、剑桥大学出版社等权威版本作后期审校，并补入了戏剧、诗歌、演讲、短篇小说等单本出版的原作，收齐了狄更斯的全部作品。全集的出版激起了英国文学研究者们的惊叹："这是狄更斯的中文译著集大成者。"没错，浙商大出版人自豪地告诉我们，

《狄更斯全集》是目前世界范围内最具权威性、囊括性和经典性的24卷本的中文版。

4月15日，在伦敦国际书展“市场焦点”中国主宾国开幕式上，《狄更斯全集》被作为国家礼品书，由中共中央政治局委员、国务委员刘延东赠送给英国政府、大英博物馆和狄更斯研究中心；同时，该书被列为重点展品在书展的“中英互译出版成果展”上隆重展出。

4月16日，中共中央政治局常委李长春访问牛津大学时，将24卷本《狄更斯全集》作为中英两国文化交流的重要载体赠送该校。中央电视台“新闻联播”节目对此进行了报道，《人民日报》《光明日报》、人民网、新华网、新浪网、搜狐网、腾讯网等国内媒体纷纷报道了相关信息，《欧洲时报》等境外媒体也宣传了《狄更斯全集》架起中英文化交流桥梁的意义。

5月8日，是浙江工商大学101年校庆的日子，也是浙江工商大学出版社举行《狄更斯全集》首发暨赠书仪式的大喜之日。鲍观明社长心潮澎湃，他说，对于一个刚满4岁“年幼”的出版社来说，能够顺利完成1346万字的《狄更斯全集》的出版任务，这本身就是个奇迹，他代表出版社对各位嘉宾表示衷心感谢和深深敬意。《狄更斯全集》的出版，是校出版社成立4周年最好的纪念，也是为学校101周年校庆奉献的一份厚礼；是对狄更斯诞生200周年最好的纪念，也是我国知识出版界为中英建交40周年奉献的一份厚礼。

历经磨砺　终成大器

鲍观明社长说：“《狄更斯全集》的出版来之不易，它是集体智慧的结晶。”感谢之余，他其实更愿意和大家分享的是成功背后带给他的诸多感动：被立意高远的选题打动，被勤奋执著的译者感动，被校领导的鼎力支持感动，被团队的奉献敬业精神感动。

英国作家查尔斯·狄更斯是世界闻名的批判现实主义小说家，我国从1907年起就开始翻译和介绍狄更斯的作品，1998年，上海译文出版社还出版了19卷本的《狄更斯文集》，但该文集是各种版本译作的集合，且不尽完整，故只能称为文集。浙江大学教授、我国著名翻译家宋兆霖先生决意编一套更完整更权威更经典的狄更斯作品中文译本全集，他认真收集遴选世界范围内的最佳版本，组织邀请国内著名英国文学研究专家、翻译家50余人，对狄更斯的全部作品进行

重新翻译。2003 年，译作基本完工，宋兆霖教授与河北教育出版社取得联系，并签订了出版合同，全部书稿进入出版流程，完成了二审二校。但此时，该出版社社长因工作调离，新任的社长认为出版此书市场风险较大，不愿意继续履行合同，使书稿出版事宜陷于流产。历时多年，耗费心力的译作不能出版，翻译家们的失落与失望自不待言，主编宋兆霖教授更是心疼，一直希望能再找机会将世界大文豪的经典作品完整地奉献出来与中国的读者分享，他先后联系过几家出版社，由于预期出版的经济效益并不看好，都没达成协议。

2009 年 10 月，在台州举行的世界文学经典传播与研究学术研讨会上，宋兆霖教授与参加会议的我校党委书记、西方文学研究专家蒋承勇教授和校出版社副总编钟仲南编审就出版一事进行了交流。钟副总编回社后即向鲍观明社长汇报了此事，鲍社长十分重视，马上组织了由蒋承勇书记主持的《狄更斯全集》选题论证会。讨论中大家认为，此选题立意高远，作者权威，作品具有传承文化和启迪人生的意义，有跨越时空的影响力和历史价值。蒋书记也非常支持，他认为出版《狄更斯全集》是能在中国翻译外国文学史上留下重要一笔的好事情。经过选题论证会，出版社确定了出版意向。鲍社长亲自开车带着团队和详细出版计划拜访了宋先生。因为稿酬及出版费用方面未能达成一致，最初宋先生没有明确表态和出版社签约。鲍社长和钟副总编没有气馁，他们一边着手申报选题，一边继续耐心地和宋先生进行沟通。其间，宋夫人的不幸病故，使宋先生深受打击，他自己也因病住进了医院。校出版社的同志多次到医院和宋先生家里进行慰问，关心他的病情，切实地帮助他。精诚所至，金石为开。最终，宋先生被出版社的诚意和决心所感动，同意将书稿交给校出版社出版，并主动联系各位译者修订译作，寄来委托书，与出版社重签了出版合同。

敬业的宋兆霖先生为了《狄更斯全集》勤奋地工作，即使住院期间，也没有停止翻译审订工作，直至 2011 年 6 月逝世前，他还在为书稿的审阅和补充材料忙碌。鲍观明社长无限感慨："老一辈知识分子的人格魅力感动了我们，宋先生对作品珍惜、呵护的执著精神感染了我们，我们决心举全社之力，以最快速度、最佳时间、最好质量出版此套全集，那既是对宋先生未尽心愿的告慰，也可使中国千百万喜爱狄更斯的读者得偿所愿。"为确保全集的编校质量，出版社特聘了浙江人民出版社、浙江文艺出版社、浙江大学出版社等 30 多位社内外专家组成项目组，对书稿重新进行三审三校；推陈出新，重新制定开本；精心设计封面版式，经 5 次调整，最后确定了能体现全集历史感，庄重而典雅的样式。蒋承勇书记建议并亲自邀请中国社会科学院文学研究所所长陆建德教授为全集撰写

总序。

在齐心协力完成这个重大出版项目的过程中，出版社的团队成员更是以无私奉献的敬业精神全身心投入工作中。出版社内参加全集审校的人员，无论是资深编审钟副总编，还是年轻的80后、90后，都一律以最低标准拿补贴。60多岁的钟副总编负责主持这套全集的编辑出版工作，开本改过后，需重新排版，要重新三审三校，钟副总编没有休息过一天，也没有请过一天假。对于团队人员而言，加班已成为常态。

《狄更斯全集》从20世纪90年代初开始译介，到2012年3月的成功推出，时间跨度近20年，几多波折，历经磨砺，终成大器。

韬光养晦　有所作为

浙江工商大学出版社成立于2008年5月，在出版业整体转企改制的背景下进入出版界，创办初期没有太多优势。在明确以"立足教育，服务教育，发展教育"为创社宗旨后，借用邓小平同志20年前针对特定历史环境提出的中国外交策略方针——"韬光养晦 有所作为"，出版社领导很快确定了出版社发展的时间表和战略图，第一年，搭好架子，打基础；第二年，养活自己，求生存；第三年，回馈社会，谋发展。

浙商大出版社挂牌成立的6天后，即2008年5月12日，四川发生8级强震，山河移位，满目疮痍。当看到媒体关于灾区人民极度需要灾后心理辅导的报道后，有着强烈社会责任感的出版社编辑迅速策划了汶川地震后第一部心理干预的书籍《让悲不再痛，让哀不再伤》。为抢在进行心理调适的最佳时机内让灾区民众读到书，出版社打破常规，实行24小时不间断的工作方式，全速运转起来。48小时之内，书稿撰写工作完成；72小时之内，编辑、校对、排版工作完成；90小时之内，图书正式出版；5月18日，首批5万册图书在第一时间捐给了灾区。这是出版社的创社第一书，也充分体现了危难时刻出版人的道义担当。出版社的出色表现受到了省委宣传、省新闻出版局的表彰和嘉奖，《让悲不再痛，让哀不再伤》一书还荣获中宣部抗震救灾图书优秀奖。

在出版业日趋激烈的竞争中，浙商大出版社始终秉承创社宗旨，拒绝诱惑，坚持创特色，树品牌，出精品，以高品质的文化产品服务大众，服务社会，策划并推出一系列高品质的优秀出版物。由出版社精心策划并出版的"钱塘文库·文

艺哲学卷”丛书以专业分类，汇集各个领域的知名作者的最新力作，先后获得浙江省出版协会“第二十五届优秀图书编辑奖”一等奖、浙江省新闻出版局“优秀出版物奖”，并获得第19届浙江树人出版奖（浙江省最高级别的出版物政府奖）提名奖。出版社策划并出版的深入研究浙江少数民族文化生态的《畲族妇女口述史研究》一书获得第20届浙江树人出版奖，《中国农村低收入人群和贫困群体犯罪问题研究》一书获浙江省第16届哲学社会科学优秀成果奖二等奖。

浙商大出版人所具有的强烈的社会责任感、历史使命感及敏锐而深邃的文化感悟使万千读者获益，浙商大出版人以筚路蓝缕的精神和毅力去开拓文化，创造和传承经典，更使我们深受感动。《狄更斯全集》的成功出版是浙商大出版人创造的一个奇迹，同时也是实力的证明，它意味着浙江工商大学出版社又站到了一个新的发展阶段，韬光养晦之后，必将大有作为。前面的路还很长，期待茁壮成长的浙江工商大学出版社不断超越自我，走得更坚定，走得更高、更远……

（原载于《浙江工商大学报》657期）

浙江工商大学出版社从无到有、从小到大、从弱到强，我是见证者，也是参与者，四年多一千五百个日日夜夜，甘苦自知。这次《狄更斯全集》的出版，好评如潮，作为一个出版人拥有了一种无法言语的尊严与价值，我和我的同仁们都怀着同样的心情：激动、感激，同时感受到一份沉甸甸的社会责任。今后，我们将继续秉承“坚守、坚忍、坚强”的办社理念，不懈努力、勤奋耕耘、勇于创新、敢为人先，将更多更好的出版精品奉献给读者，推动文化出版走出国门，促进出版事业的大发展、大繁荣。

——鲍观明

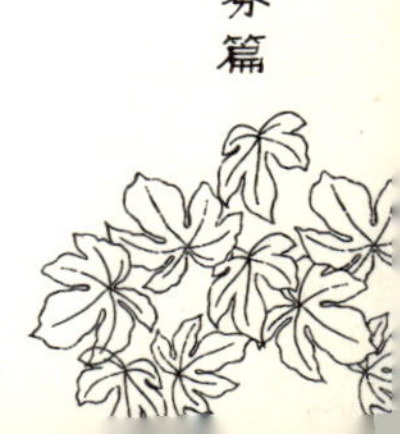